轨道交通规划与建设

GUIDAO JIAOTONG GUIHUA YU JIANSHE

张　欣　李立华　郭　伟◎主编

辽宁科学技术出版社

·沈阳·

图书在版编目（CIP）数据

轨道交通规划与建设 / 张欣，李立华，郭伟主编. --
沈阳 : 辽宁科学技术出版社，2022.5（2024.6重印）
ISBN 978-7-5591-2469-2

Ⅰ. ①轨… Ⅱ. ①张… ②李… ③郭… Ⅲ. ①城市铁
路－交通规划 Ⅳ. ①U239.5

中国版本图书馆CIP数据核字 (2022) 第063314号

出版发行：辽宁科学技术出版社
　　　　　（地址：沈阳市和平区十一纬路 25 号　邮编：110003）
印　刷　者：沈阳丰泽彩色包装印刷有限公司
经　销　者：各地新华书店
幅面尺寸：170mm×240mm
印　　张：7.75
字　　数：130 千字
出版时间：2022 年 5 月第 1 版
印刷时间：2024 年 6 月第 2 次印刷
责任编辑：孙　东
封面设计：刘梦杏
责任校对：王玉宝

书　　号：ISBN 978-7-5591-2469-2
定　　价：48.00 元

联系编辑：024－23280300
邮购热线：024－23284502
投稿信箱：42832004@qq.com

编委会

前言

随着城市化的快速发展，城市地区道路交通拥挤、交通事故以及由于道路交通排放引起的交通污染已经成为备受各界瞩目的问题。作为发展中国家，我国人均资源稀缺，交通需求总量巨大，探讨一种满足我国经济建设与居民生活需要的可持续的交通解决方案具有重要的战略意义。

公共交通被认为是未来交通的主要形式，其中城市轨道交通又是公共交通系统的骨架。城市轨道交通具有容量大、安全、环保特性好等特点，在1990—2020年这30年来受到包括发达国家和发展中国家在内的许多国家大城市的青睐。我国数十个大城市也启动了城市轨道交通建设计划，长江三角洲、珠江三角洲、京津塘地区的区域城市轨道交通系统网络呼之欲出。可以预见，未来30年中，我国城市轨道交通系统将会得到持续、快速的发展。

本书首先介绍了城市轨道交通规划与交通建设的基本知识，然后详细阐述了轨道交通线网规划与交通运营，以适应轨道交通规划与建设的发展现状和趋势。

本书突出了基本概念与基本原理，在写作时尝试多方面知识的融会贯通，注重知识层次递进，同时注重理论与实践的结合。由于作者时间和水平有限，书中若有不当或错误之处，敬请同行专家和读者批评指正。

目 录

第一章　城市轨道交通规划

第一节　城市轨道交通总体原则及影响因素

一、总体原则

（一）合理确定适合发展城市轨道交通的城市

城市轨道交通的发展，应坚持量力而行、有序发展的方针，确保城市轨道交通建设与经济发展水平相适应，这是发展城市轨道交通的首要原则。一个城市在研究发展城市轨道交通时，既要考虑城市发展、人民群众出行的需要，又要考虑城市政府承担建设成本、运营成本的能力。应注意区分不同规模、不同经济发展水平的城市，重点在特大城市、大城市中心区和主要城市交通走廊建设轨道交通。对于不同的城市类型，发展城市轨道交通的思路分别如下：

1.特大城市

从国际经验和我国城市发展的实际情况来看，对于特大城市应加快发展城市轨道交通。以国外特大城市为例，日本东京、英国伦敦、法国巴黎非常注重多种城市轨道交通方式的衔接换乘、互补兼容，实现了城市轨道交通网络效益的最大化，城市轨道交通承担了50%以上的城市客运量。因此，对于特大城市应鼓励加快发展城市轨道交通，并有效整合利用城际铁路、市郊铁路等资源，充分发挥城市轨道交通在城市交通中的主体作用，满足城市居民出行需要，有力缓解城市交通拥堵。

2.大城市

对于大城市应通过加强引导，根据城市经济社会发展水平，科学选择城市轨道交通建设类型，合理有序发展城市轨道交通。国外相对较大的城市，普遍采用适度原则发展城市轨道交通，以缓解交通拥堵，解决城市居民出行问题。例如：瑞典斯德哥尔摩人口170万，共有9条轨道交通线路，里程400km；日本大阪人口260万，轨道交通线路130km，日客运量约300万人次。由于我国城市人口密度较大，经济发展水平相对落后，应根据城市具体情况，通过方案比选，合理选择城市轨道交通类型，适度发展城市轨道交通，形成轨道交通、快速公交、公共汽电车协调发展的城市公交服务网络，解决城市居民的基本出行问题。

3.中小城市

根据目前中小城市发展的实际情况和经济水平，原则上应不鼓励中小城市发展城市轨道交通，而应通过鼓励发展公共汽电车系统，特别是发展大容量快速公交系统和加快建设公交专用道，加强城市交通管理，提升城市公共交通服务水平，形成以公共汽电车为主体的高效率的地面公共交通体系，解决城市居民出行问题。巴西库里蒂巴从20世纪70年代开始建设快速公共交通系统，很好地解决了城市交通问题。

（二）科学规划引导城市轨道交通有序发展

城市交通规划是城市交通发展的先导。城市轨道交通发展较好的国际城市，一般都制定了科学合理的城市轨道交通规划，并纳入城市总体规划和城市公共交通整体规划。日本东京编制了首都圈规划，并对城市轨道交通发展进行了明确阐述。美国城市轨道交通项目必须经过严格的方案比选程序，要在轨道交通、快速公交系统、有轨电车、地面公交等不同方案进行可替代性分析，最终确定最优方案。从国内外有关城市发展的先进经验来看，在组织编制城市轨道交通规划时，应充分考虑与其他交通方式的有效衔接，保证城市公共交通整体系统的协调发展。通过加强城市轨道交通规划、建设、运营的有效衔接，确保在规划阶段充分考虑实际运营的需求，避免由于规划时出现问题在系统投入运营后难以整改，影响运营安全和乘客出行。

二、影响因素

（一）城市特性对规划的影响因素

1.城市自然地理条件

城市自然地理条件主要包括地形地势、水文地质、温湿度等。城市自然地理条件影响城市轨道交通规划，地形地势、水文地质等因素将影响城市轨道交通规划线路的布局和走向。

2.城市规模和性质

城市轨道交通系统选型、规划与设计受到城市规模和性质的影响。城市规模和性质影响了城市轨道交通线网规划规模和线路走向。

3.城市人口规模和结构

城市客流需求是城市交通线网规划和交通方式选择时的主要依据，城市人口和结构、就业情况等是决定客流量的主要因素，影响城市轨道交通系统的规划。

4.城市发展潜力和趋势

城市发展潜力和趋势决定了城市扩张态势，进而影响城市客流的输送需求。为满足城市轨道交通客流需求，城市轨道交通线网规划与设计、城市轨道交通系统选型等需要考虑城市发展潜力和发展趋势的影响。

5.城市经济发展水平

城市轨道交通系统造价相对较高，其发展受到城市经济实力和财政支付能力的影响，在规划和设计城市轨道交通系统时，需要与城市经济发展水平相适应。

6.城市土地利用性质

城市土地开发利用与交通持续发展是一个相互影响、相互制约的过程。不同的土地利用性质决定了土地的用途，直接影响城市轨道交通线路走向。合理利用土地性质可以引导城市结构和城市轨道交通的布局。

7.城市交通状况

城市轨道交通发展状况关系到城市交通系统的发展水平，在进行城市轨道交通系统规划时，需要把城市轨道交通作为城市交通系统的重要组成部分，统筹规划，协调配合，以便发挥各交通方式的优势。

（二）城市轨道交通特性对规划的影响因素

城市轨道交通的选型、规划与设计受到城市轨道交通的形式和特性的影响，主要包括系统形式、运行方式以及技术水平。

1.系统形式

不同的城市轨道交通系统有着不同的特点，包括运输能力、设施设备性能等存在较大的差异。在实际规划中，需要考虑到城市轨道交通系统的适应范围、技术要求、所需的建设费用等，应充分考虑建设效益。

2.运行方式

城市轨道交通系统运行方式有地下、高架和地面运行等，地下运行方式不占用地面道路，运行线路选择比较容易，对环境的影响也较小。高架运行方式，可以有效利用地上空间，与地面交通形成立体交叉。

3.技术水平

城市轨道交通系统技术水平关系到系统功能和可靠性，在选择城市轨道交通系统发展类型时，应充分考虑城市轨道交通系统技术水平的合理性，宜选用技术成熟的城市轨道交通类型。

（三）城市轨道交通造价对规划的影响因素

在城市轨道交通规划中，系统选型、线路走向、线路敷设方式等方面受到造价的影响。城市轨道交通线路建设造价主要包括前期工程费（征地补偿、城镇土地使用税、管网设施拆迁等）、土建设施费（车站、区间，车辆基地、轨道工程等）、设备购置费（通信信号系统、供电系统、通风空调系统等）及车辆购置费等。

一般来说，城市轨道交通工程造价中，土建工程费用占总造价的50% ~ 55%。技术设备的建设、购置、安装费用占总造价的45% ~ 50%。从北京、上海、广州等城市部分线路的统计数据来看，城市轨道交通地下线路（钢轮钢轨）的正线造价为3亿 ~ 5亿元/km。受特殊的地理环境和地质条件、设备系统的配置及国产化率等因素影响，城市轨道交通线路的造价存在着差异。

第二节　城市轨道交通客流预测分析

需求预测是论证城市轨道交通项目建设必要性和系统规模的重要依据。与一般的城市交通需求预测工作相比，城市轨道交通系统需求预测具有明显的轨道交通的特点，交通需求的端点效应明显，需要考虑的延伸研究更多，问题也更加复杂。本节系统分析了城市轨道交通需求预测的主要内容和程序，介绍了一般城市轨道交通系统预测的方法，结合实例研究了城市轨道交通需求预测的具体做法。

在需求预测工作中经常涉及的三个概念是运输需求、运输供给与运输量。换言之，运输需求是由所在地区社会经济活动决定的，具有原发性。运输供给是特定地区在长期发展过程中形成的由多种运输方式构成的、具有特定时间与空间特征的、行为复杂的联合体。运输量可以描述为一种被实现的运输需求。当运输供给能够充分满足运输需求时，运输量与运输需求相同。

在大多数情况下，运输需求、运输供给与运输量具有不同属性。需求体现的是被运输方的需要及其特征，供给需要体现运营商的特性。在资源有限的城市地区，需求往往难以得到完全满足，从而产生了交通需求管理。

一、城市轨道交通客流预测工作的特点

客流预测是确定项目涉及的各部分的建设规模、设计合理的运营模式，准确把握预期运营效益的基础，客流预测结果的可靠与否直接关系到城市轨道交通的建设投资、运营效率和经济效益。轨道交通客流预测与一般城市交通项目的客流预测相比，具有一系列不同的地方。深刻理解这些差异是做好客流预测工作的前提。

轨道交通的客流预测的特点主要体现在以下5个方面。

（1）客流预测工作所要求的客流特征内涵多，它们对后续的工程设计与可行性论证具有重要作用。一些预测工作过于粗糙，对客流特征内涵的分析不足，难以指导相关工作，如行车交路设计和项目运营的经济性研究的开展。

（2）作为一种公交出行方式，轨道交通的最显著特征是准时性，因此，线网的规模对客流成长有着巨大的影响。换言之，网络规模对某线路的客流可能具有倍增效果，即轨道交通网络所覆盖的区域比其他传统出行方式所意味的吸引范围有显著不同。在客流预测工作中，应充分注重这种"网"和"线"的关系，全面把握客流的总量控制和成长规律。

（3）轨道交通是城市交通中能力最大的一种交通出行工具，也是解决人口密集的城市中心区通勤交通的主要手段，客流预测需要更加注重客流的峰谷特征，包括一日内的峰谷特征、高峰小时内的峰谷特征、一周内不同日的客流波动性以及一年内重要节假日期间的客流特征等。这些预测结果将为全面、细化系统设计方案，完善运营组织方案及能力储备研究提供有力支撑。

（4）由于预测时间长，涉及范围广，轨道交通客流预测的关联因素更多，这些特点使得客流预测结果的敏感性分析工作内涵更多，难度更大，要求更加严格。

（5）由于轨道交通项目的重要性，在许多阶段均需要进行论证。每个阶段中的客流预测都是不可缺少的重要基础，同时不同阶段对客流预测的力度也有不同的要求。例如，在线网规划阶段，要满足线网规模论证、线网主骨架构建、换乘节点布局、线路起讫点及线路组合关系论证的要求。在线网建设规划阶段，要满足建设必要性论证、建设规模及时序论证、近期建设项目选择论证的要求。在可行性研究阶段，要满足线路方案比选、工程规模、建设标准、运行方案（行车组织）及经济与财务评价的要求。在工程建设阶段，要满足线路、车站、车场、换乘设施、行车组织、财务评价等工程设计的要求。在招商运营阶段，要满足招标文件提出的各项相关要求（主要是初期、近期客流效益与风险分析）。这些差异增加了轨道交通客流预测工作的难度。

目前，轨道交通客流预测工作确实存在一些困难，典型的问题包括以下5方面。

（1）时间跨度大。轨道交通的远期预测年份按规定为开通后第25年，而多数城市在该年度的基础数据已经很难获取，从而该年度附近所做的客流预测的依据或前提条件实际上具有很多不确定性，对快速变化的发展中城市尤其如此。

（2）轨道交通项目客流预测涉及的因素多，既包括土地规划及实施进程的影响（相关地区开发的成熟程度及其进程差异）、交通政策的影响（票价调整、需求管理政策等）、运营服务水平的影响（发车间隔、拥挤程度等），也包括交通方式间运营协调程度的影响（其他交通方式是否做到了为作为"骨干"的轨道交通网络进行客流集疏工作）。

（3）一般预测过程采用的预测方法、技术流程以及预测模型实际上并没有针对轨道交通客流预测的特点，因而在实际预测时会存在这样或那样的问题。

（4）对轨道交通线路甚至线网客流成长规律还缺乏深入研究，而这些工作需要建立在后评估工作的基础上。

（5）目前轨道交通客流预测工作及预测成果报告的编制尚无规范约束。

根据轨道交通项目建设的需要，客流预测主要服务于5个不同阶段，具体任务如下：

（1）线网规划阶段。要满足线网规模论证、线网主骨架构建、换乘节点布局、线路起讫点及线路组合关系论证的要求。

（2）线网建设规划阶段。要满足建设必要性论证、建设规模及时性论证、近期建设项目选择性论证的要求。

（3）可行性研究阶段。要满足线路方案比选、工程规模、建设标准、运行方案（行车组织）及经济与财务评价的要求。

（4）工程建设阶段。要满足线路、车站、车场、换乘设施、行车组织、财务评价等工程设计的要求。

（5）招商运营阶段。要满足招标文件提出的各项相关要求（主要是初期、近期客流效益与风险分析）。

二、城市轨道交通客流预测的程序

根据城市轨道交通规划与设计的不同阶段，需要开展三次需求分析与预测工作，各阶段的重点有所不同：

（1）城市轨道交通网络规划阶段——主要进行全网客流估算，重点分析线网总体规模和各线路的需求规模量级。

（2）线路建设项目可行性研究阶段——根据线路具体情况，研究提出线路各运营期限的客流预测结果，重点确定与相关工程建设规模有关的预测结果。

（3）线路建设项目总体设计阶段——研究各站点客流详细规划，重点分析车站内部功能布局和整体规模，包括客流组织规划。

城市轨道交通系统规划中需求分析预测应掌握以下资料与工具：

（1）现行城市总体规划及与其相适应的城市综合交通规划。

（2）正实施的城市轨道交通线网规划（全网客流估算除外）。

（3）必要的城市交通信息数据库和成熟的交通规划软件。

（一）需求预测的主要内容

城市轨道交通系统需求预测主要包括以下内容。

1.预测前提条件的界定

研究与具体项目相关的社会经济环境和区域地理条件，明确相关重要影响因素的增长状况（包括区域内其他相关运输方式的建设计划），确定相关区域内人口增长、经济发展与土地利用状况变化的有关参数。

2.不同预测年限运输需求总量及时空分布预测

在上述边界条件及相关参数前提下，建立相关的数学模型，分析预测包括远景年在内的不同预测年限城市（区域）内出行总体规模水平、不同规模小区之间出行的流量流向、不同类型的需求分布峰值系数等。根据不同阶段规划与工程建设需要，选择确定相应详细程度的需求预测内容。

3.多方交通网络分配结果及综合交通结构目标的分析与评估

在网络或工程建设时序方案的基础上，根据不同时期综合交通网络建设与社会经济发展状况，选择相关的需求分配参数。根据不同年限下区域社会经济发展环境，选择相关参数，建立区域综合交通网络的流量分配模型。在出行需求总量预测结果基础上，分析计算不同年限各种运输方式的分担比例及城市轨道交通线网上的人群流分布（即OD分布），包括各具体路段上的OD构成、平均运距、时空不均衡性分布等预测结果。评价不同年限城市轨道交通在整个综合交通体系中的作用与地位。

4.预测结果的灵敏度分析

分析各预测年限影响特定城市（区域）轨道交通项目需求水平的关键因素，包括轨道交通与地面公交的票价、私人小汽车的使用成本的变化、轨道交通网络服务水平等；研究客运需求预测结果在上述要素影响下的变化率；分析规划方案实施前后综合网络服务水平（负荷）的变化，确定能力不足或富余区段，为规划方案优化提供依据；评估客流变化风险，提出增强客流稳定性的措施。

（二）需求预测程序需求预测基本程序

1.确定由项目决定的预测区域范围、相关网络环境及项目建设方案

界定本次规划（项目）研究的区域范围，确定多方式交通网络边界；分析建立不同时期城市轨道交通建设项目覆盖的直接与间接范围，提出项目建设基本方案与备选方案。

2.收集并分析需求预测工作所需要的基础数据

根据项目需要，确定需要收集的与既有网络方案和新方案相关的基础数据，包括社会、经济与综合交通数据；对基础数据进行系统分析，剔除冗余、矛盾数据，建立具有良好一致性的基础数据库。

3.选择需求预测的方法，建立需求预测模型

根据可用基础数据类型、网络特点和项目要求，选择适当的需求预测方法，建立相关的量化预测模型，形成满足项目需要的预测模型体系。

4.标定需求预测模型涉及的相关参数

利用具有良好一致性的基础数据库，对所建立的需求预测模型体系中的各类模型进行参数标定，采用有效方法检验并确定可用于预测不同年度需求量的各种参数值。

5.计算不同年限预测结果

利用建立的模型与参数，计算不同预测年限下的需求总量；在综合交通网络上进行客流分配，确定站间客流及各类时空峰值系数，给出相关预测统计指标。

6.对需求预测结果进行灵敏度分析，分析客流风险

分析不同预测参数和预测条件变化对预测结果产生的影响，对不同规划及建设方案下的预测结果进行分析，并评估预测风险，为综合评价提供依据。

7.结合预测结果对建设方案进行分析和评价

以推荐的建设方案为背景，从时间和空间角度全面分析轨道交通网络上供需匹配水平，从技术、经济与财务角度进一步分析与评价建设方案，确定最为符合投资方、运营方和使用者利益的预测方案。

8.确定客流预测推荐结果，整理数据结果，并撰写需求预测技术报告

综合分析并评价客流预测结果，确定推荐结果方案；整理所有相关数据、文件，建立方案详细文档，提出需求预测的技术报告，以此作为可行性研究的依据。

（三）我国城市轨道交通客流预测方法现状

国内许多大城市正在积极地兴建或筹建城市轨道交通设施。轨道客流预测是项目立项和可行性分析的重要依据，其结果的正确与否对于确定何种形式的城市轨道交通系统、线网的规模、线路的走向、站场的位置及规模起着至关重要的作用。

城市轨道交通客流预测一般有五个阶段，即线网规划阶段、建设规划阶段、工程可行性研究阶段、初步设计阶段和运营招商阶段。在不同的阶段有不同的目标、要求，因此其工作模式也不同。

总体上看，客流预测一般可以分为两大部分内容：一是全市综合交通出行总量分析与预测；二是网络分配结果预测。前者决定于相关城市的社会经济发展水平与出行模式；后者决定于所在城市各种方式的发展策略与运行效率。

轨道交通建设项目的客流预测最终要落实到线路与车站上，因此，轨道交通网络分配总体上可分为以下三种模式。

模式A：现状公交→初期公交＋初期轨道→近、远期快速轨道

该模式是在现状公交网络的基础上搭建一个包括待建城市轨道交通在内的初期综合交通网络方案；通过现状公交网络建立综合网络分配模型并标定相关参数，以初期公交和初期轨道交通网络为基础进行流量分配，对其结果进行分析和校正，通过校正的模型和参数继续推算近期、远期站间OD矩阵与相关预测结果。

这一模式操作简便，属于简化的需求预测模式，它以现状公交为预测基础，考虑了公交系统内部的转移交通量，但无法兼顾城市用地规模、交通设施变化对出行结构的影响，即未考虑诱发交通量，因此精度可能不高。

模式B：现状OD→虚拟现状快速轨道→远期快速轨道

该模式以OD调查为基础，在现状出行OD的基础上，经方式选择虚拟出现状快速轨道客流，并推算出站间OD；远期快速轨道推算方法与模式A相同。由于预测基础为城市客流OD，对客流出行现状特征的反映比较全面，因此预测精度有所提高，适于城市客运交通发展相对稳定的城市。

模式C：现状OD→出行需求预测→远期快速轨道

该模式以居民出行OD调查为基础，对各规划年份进行全方式出行预测，然

后通过出行方式划分、交通分配得到规划期快速轨道客流量。此模式遵循交通需求预测的四个步骤：出行产生、出行分布、方式分担和交通分配。其预测精度较高。近年来，多数城市轨道交通建设项目的客流预测都属于这一模式。

根据交通方式划分在四阶段法中的作用，有以下三种具体做法：

（1）在四阶段预测基础上，通过出行产生和分布得到全方式出行矩阵后，利用出行方式划分和交通分配的组合模型，在城市道路网、公交线网和轨道线网组成的综合网络上进行城市客运交通全方式划分和交通分配，得到城市轨道交通线路各站点吸引和产生的客流量。

由于该方法是在城市道路网、公交线网和轨道线网组成的多式网络上进行方式划分和交通分配，其算法比较复杂。考虑到实际操作的可行性，往往需要对网络进行一些简化，如只考虑在主要干线上布置统一的公交线网，而不考虑支路上的公交线网。不过，不考虑常规公交线网与快速轨道线网的衔接，会影响客流预测的结果。

（2）根据现状交通方式及其发展趋势，通过模型计算不同出行距离的公交客流被吸引到城市轨道交通线路上的可能性。其中，时间价值和出行费用所构成的广义最短路径算法是进行城市轨道交通线路客流交通分配的主要方法。

（3）根据四阶段法预测结果，分析规划年份道路网上的各种客流可能转移到城市轨道交通线路上的客流比例，利用各交通方式之间的转移曲线，即根据各种交通方式的时耗比来进行城市轨道交通线路客流分配。

后两种方法主要是基于城市轨道交通客流构成。目前，我国大城市处于城市化的中、前期阶段，也是城市社会、经济飞速发展和土地结构优化、人的时间价值观念不断发展变化的关键时期，城市轨道交通建设处于初级阶段，缺乏城市轨道交通客流全面的运行资料，转移距离临界值处于不断变化之中，对于多远距离的出行才可能向城市轨道交通方式转移仅局限于理论分析，缺乏实际调查数据，这给实际预测工作带来了很大的难度。

目前国内客流预测的基本特点可以概括为以下几点：

（1）预测程序、技术和方法日趋完善，预测工作质量不断提高。

（2）预测结果对系统建设规模的量级宏观控制比较成功，但其成功的内涵仍依赖于城市轨道交通线网的稳定。可用于财务分析的预测结果尚难以满足质量要求。

（3）国内对客流分析工作的重要性已有广泛认同，客流预测的内容和文件组成日趋规范化，对新近开展预测工作的城市，有了可参照的样板。不过，客流预测的风险依然存在，预测工作仍须不断改进。

（四）不同阶段客流预测工作的要点

1.线网规划阶段需要把握全网客流估算

在线网规划阶段有四项工作需要客流资料的支撑：一是规划、建设城市轨道交通系统的必要性论证；二是各规划线的运量等级、系统规模和相关的用地控制；三是线网方案的评价和选择；四是线网的分期发展实施方案的制订。

该阶段的客流研究工作之所以称为全网客流估算，是因为远景年的用地规划资料不易落实，各类车站（含道路公交）的站位不易准确确定，交通网络在发展中的可变因素难以确定（如道路公交线网与城市轨道交通的关系）。

全网客流估算的主要目标年是远景年。对远景年的解释有两种意见：其一为城市总体规划的"远景年"，大约在现状50年后；其二为规划用地按不同性质，达到相对饱和容量的年份。根据客流资料的用途，可能还要做其他年份的全网客流估算。这些年份需要考虑与总体规划一致或接近，以便于对基础资料和参数的推定。

在线网规划中，全网客流估算是城市轨道交通线网与整体交通线网联系的纽带，它决定了整个线网中线间客流的交换。线网规划的出发点和归宿都是客流，构建线网框架的基础即主交通走廊和主要集散点也都是用出行量和方向来描述的。因此，线网规划中全网客流的估算不是按几个线网方案测算几次就能完成任务的，而是需要在供给与需求之间经过反馈迭代来寻找平衡。

该阶段应计算的指标包括全网和各线客流指标，除换乘站的换乘量之外，不需计算其他各站的乘降量。

2.可行性研究阶段的客流预测

可行性研究阶段的客流预测成果是可行性研究报告的支持条件，它可以为线路建设的必要性、紧迫性和工程分期计划，设备系统类别的选择和各子系统规模的确定，以及线路方案、车站设置的比选、各期车辆购置数量的确定、运营设计及经济评价与财务分析提供依据。

根据现行规范，可行性研究阶段预测年限为：

（1）初期——运营后第3年。

（2）近期——运营后第10年。

（3）远期——运营后第25年。

上述年限的确定有一定的合理性，不过也存在一些问题，包括难以反映线路客流变化的动态趋势。例如，运营第5年线路可能向两端（或一端）延伸（二期工程开通）运营，此时客流将发生突变。因此，在客流预测中要关注客流量发生突变的那些年份，即城市交通网络的重大变化和对外交通设施变化的年份。

可行性研究阶段客流分析报告的基本内容应包括：

（1）城市总体规划、综合交通规划、交通发展战略和城市轨道交通线网简介（或评价）。

（2）城市交通现状分析。

（3）各预测年限的社会、经济资料。

（4）交通需求预测的技术路线和交通总量、客运交通系统结构。

（5）各预测年限的线网状况。

（6）客流预测的技术路线和主要的参数。

（7）预测结果，主要包括：①各期站间OD表；②各期全日、高峰小时客流表、客流图；③各期各换乘站各方向之间的换乘量（分全日和高峰小时）；④全日客流量的时段分布；⑤各项指标计算结果。

（8）交通需求发展的状态分析和敏感度分析。

（9）其他需要说明的内容。

该阶段需要计算的主要指标包括：

（1）客运量：①年平均日客运量；②年平均日高峰小时客运量；③各站全日和高峰小时乘降量；④换乘站各方向的换乘量。

（2）客流量：①全日单向最大断面客流量；②高峰小时单向最大断面客流量；③客流密度（日客运量/运营里程）；④客运周转量（人·km/d）；⑤客流强度（日客运周转量/运营里程）；⑥平均运距（km）。

（3）与交通系统结构有关的指标：①该线承担的出行量占全市出行量的比例（%）；②该线客运量占全市公交客运量的比例（%）。

3.项目的预可行性研究阶段

一般来说，当从项目建议书到工程可行性研究可能经历较长的时间或各种

情况的变动较大，因此，在项目的预可行性研究阶段（配合项目建议书）和工程可行性研究工作中，如果预可研阶段客流研究资料的深度难以满足工程可行性研究的要求且线路方案、车站设置有较大变动时，可以考虑做两次不同深度的客流预测。

（五）客流预测方法

城市轨道交通建设项目承担的客流量主要包括两部分：转移客流量和诱增客流量。转移客流量是由于快速城市轨道交通所具有的速达、准时、安全、可靠、方便等优点，使原来由地面常规公交和自行车方式承担的全市性比较集中的中、长距离客流转移到城市轨道交通来的运输需求。转移客流量既有车站附近直接吸引的客流，又有通过其他交通方式（如公交、自行车交通等）换乘的客流。

诱增客流量是指由于轨道线路建设所导致的促进沿线土地开发、人口集聚，使区域之间可达性增加、服务水平提高、居民出行强度增加而新产生的客流。

城市轨道交通客流预测需要开展的调查内容有以下几方面：

（1）社会经济调查。包括国民经济状况调查和社会经济发展状况调查，涉及国民生产总值、国内收入、人口构成状况、工农业产值、矿产资源布局、旅游资源布局等项目。

（2）交通运输调查。包括历史年各运输方式运量调查、各运输方式OD现状调查、现状线网调查和规划线网调查。

开展上述调查的方法主要有统计资料分析方法和抽样调查的方法。在历史统计资料积累较丰富的情况下，可以对这些资料进行整理、分析，获得所需要的基本数据；否则，可以采用对数据总体进行抽样调查的方法获得。

我国城市轨道交通设计与管理部门长期沿用传统方法（回归分析、时间序列、弹性系数、增长率）并结合工程人员预测经验来进行需求预测。这种预测思路在市场经济条件下，难以对运输需求进行科学的定量预测，无法反映各种运输方式之间的竞争状况，忽略了运价、旅行速度、舒适度、安全性等服务水平对运量的影响。

近年来，四阶段预测模型成为城市轨道交通规划与设计中需求预测的主要方法。

四阶段预测方法起源于城市交通规划，是一种以起讫点交通调查为基础，将预测过程划分为出行生成、出行分布、方式分担和交通分配四个阶段的预测方法。

城市轨道交通建设项目需求预测一般采用以四阶段预测方法为主的思路，将经典的四阶段规划模型简化为三个阶段，即出行生成预测、出行分布预测和多种运输方式综合网络条件下的交通分配。

将传统"四阶段"预测方法中的方式分担预测与交通分配模型合并考虑，可以使综合交通网络流的运行与换乘行为得到更好的融合。该方法的思路是：调查基础数据（包括历史年社会经济指标和规划数据、历史年运量、现状OD数据和土地利用状况等）后，建立相关生成模型预测交通发生量和吸引量；通过分布模型得到OD趋势分布量，根据有无比较原则和重力模型预测诱增分布量；进一步通过一定约束条件下多式运输网络的运量分配模型获得各种运输方式的线网流量分布状况，并分项统计需求的各项预测指标，最后实现对路网建设方案或项目方案的建设综合效果的评价。

（1）城市人口、社会经济发展与土地利用水平分析。人口与社会经济发展水平是一个节点（小区）发展规模的重要标志。人口与经济活动是分不开的，有了人口与社会经济活动，必然产生交通量。这种交通量必然要通过交通运输系统来实现其交流活动。

（2）城市综合交通网络设施水平。综合交通设施对交通量有着直接的影响。这些因素包括道路网络、私人交通设施以及服务水平等。

（3）不同年限综合交通发展的结构目标。主要指公共交通与私人交通结构比例关系，尤其是中心城区的比例，直接涉及轨道交通发展的需求。

（4）轨道交通运行参数分析。研究不同年度城市轨道交通的运营策略，确定相关政策与服务水平参数，是网络流量分配的基础。

（5）多方式网络交通分配方法。交通分配是将已经预测出的OD交通量按照一定的规则符合实际地分配到交通网络中的各条链上，并求出各条链的交通流量。OD交通量是两点之间的交通量，即从出发地到目的地之间的交通量。网络分配方法有平衡网络分配方法和非平衡网络分配方法两大类。

城市轨道交通建设项目需求预测还需要考虑以下三项工作：

（1）验证预测模型精度：在现状交通线网上进行现状交通量的需求预测，

通过预测结果与实际需求状况的对比分析来检验"四阶段"需求预测模型的精度。

（2）提供网络规划依据：在现状交通线网上进行未来交通量的需求预测，通过供需状况来分析现状交通线网的不足，为未来线网规划提供依据。

（3）评价线网方案：在未来规划交通线网上进行未来交通量的需求预测，通过分析供需平衡状况来评价交通线网规划方案的优劣。

三、城市轨道交通客流预测指标及其分析

客流预测工作的成果体现为客流预测指标，它们为建设项目的分析与评价提供依据。根据城市轨道交通项目建设的特点，需求预测需要提供的输出指标可以概括为以下五个方面。

（一）需求总体指标

一般城市轨道交通建设项目需求预测的总体指标包括总量指标和平均运距两方面。总量是指其在某一时间段内承担的需求的数量规模，一般通过日均人次数或线路平均负荷强度［万人次/（km·d）］来刻画。平均运距是指乘客在该线路上平均乘坐的距离，有时也用平均站数来评价。

总体指标预测一般需要参考上位规划，对某一个建设项目来说，需要考虑的上位规划因素包括城市总体规划、城市近期建设规划、城市土地利用规划、控制性详规、国民经济发展规划、城市综合交通规划以及最近的出行调查。

一般来说，城市轨道交通预测的远期年限要大于各尚未规划的规划期，换言之，远期预测存在一定的数据盲区（可能达10年及以上），这一阶段的预测实际上存在基础调查缺失的问题。因此，城市轨道交通的需求预测可以用"发展趋势主导初近期预测，规划与战略引导远期预测"来描述，即远期的需求预测更多地需要依靠预测者对城市发展大战略的把握。

总量预测阶段需要考虑的主要因素包括城市人口规模、就业岗位及其分布、人均出行率、城市土地开发水平、人均GDP或收入水平、综合交通网络建设水平、常规公交的发展水平等。调查表明，我国各城市人均出行率在1.84～3.06次/日。一般认为：城市建成区面积越大，出行率相对较低；而城市越小，居民出行率相对较高。经济发展、机动车拥有量及人口规模均对人均出行率有一定影

响，但没有普遍规律可以遵循，需要根据城市历年的发展和调查数据具体分析。

从综合交通结构来看，城市越大，公交发展空间越大。不过，城市公交全日出行比重达到50%及以上是比较困难的。

城市轨道交通的客流一般有个培育过程，开通初期客流受票价与服务水平影响较大。最近的经验表明，客流也与公共交通，尤其是轨道交通网络规模及接续设计有关。轨道交通网络对新线开通的客流吸引力有倍增作用，不过这一规律较难在预测阶段把握。从客流增长来看，培育期过后的客流年均增长率将有所下降。

由于城市轨道交通工程属于百年大计，系统一般需要一次建成或建设时有所预留，否则很难在发展中扩展。远景年需求是直接决定系统建设规模的依据，因此，远景年需求规模应作为重点来把握。

轨道交通客流总量一般按初期、近期和远期三个年限提出，其分析一般要纳入城市综合交通系统中来开展。其具体内容可以包括以下几方面：①不同时期轨道交通工程客流占全市总出行的比重；②轨道交通工程项目建设对全市公交出行比例提高的贡献；③轨道交通工程项目建设对全市公交出行效率（如时耗降低与拥挤缓解）提高的贡献；④轨道交通工程项目建设对交通环境保护的贡献。

除了提供分年限的预测结果外，城市轨道交通客流预测实际上还需要预测以下内容：①平日（周一至周五）客流量；②周末（周六与周日）客流量；③节假日（三天假日、七天假日）客流量。

上述预测结果的提供对于做好城市轨道交通系统开通后的客流组织工作，更好地满足出行需求具有重要意义。

在对客流总量预测结果的分析与评估中，要注意以下两个要点：

（1）关于一条轨道交通线路客流与全轨道线网客流总量的分析。每条轨道交通线路的需求规模与其本身在全网中的功能是分不开的，预测时应该结合城市发展规划以及该线路在整个轨道交通线网中的功能与定位，一方面要仔细审核各线路日运量之和与全网日运量控制总量的吻合，另一方面要保证该线路承担的客流在全网客流总量中的比例与其功能和地位相称。

（2）线路与线网客流强度的校核。不同城市轨道交通线网与线路的客流强度应与所在城市及区域的基本特征相吻合，因此，应全面分析每条线路的客流负荷强度以及全网的客流负荷强度。结合相关线路地位，主干线客流强度应大于地

位稍次的辅助线与郊区线。若出现特例，应有专门的分析说明。

（二）流量流向指标

一般运输系统的产品是人与货物的位移。对城市轨道交通系统来说，主要服务对象是人，即满足人的位移需求。因此，需求预测工作需要明确出行需求的具体流量和流向。主要指标包括以下几方面：

（1）站间OD分布表。主要指城市轨道交通各站点之间的客流交换量，借此可以确定轨道交通的平均运距等指标。

（2）站点乘降总量。主要指各站点全日乘降总人数，为确定车站相关设施的建设规模提供依据。

（3）换乘站换乘量及其构成。主要指两条轨道交通线路交叉处的车站的旅客流量与流向，除了站点乘降总量外，还需要预测线路之间上、下行不同方向之间的交换量。

（三）空间不均衡性指标

空间不均衡性指标是进行城市轨道交通系统中具有空间差异的各部分设计的重要依据。尤其是对于线路较长、全线差异较大的轨道交通建设项目来说，做好空间不均衡性的预测和分析至关重要。

空间不均衡性指标主要包括以下三方面：

1.线路各区间断面客流分布

主要指线路不同站间区间的客流断面分布，一般来说，该断面分布需要区分不同预测年限全日与早、晚高峰期间客流断面分布情况。

客流断面分布对于城市轨道交通系统能力的设计与计算具有重要的参考价值，它们也是进行列车运行组织设计的基本依据。

2.最大断面客流量

某线路的远期最大断面客流是确定线路设计能力的重要依据，需要仔细分析。这个客流也需要按全日以及早、晚高峰期来分别预测。

此外，最大断面客流指标还可以针对某些需要特殊考虑的设施，或某些特殊的人群，如无障碍设施处的需求量等。

3.特殊位置客流量

特殊站点主要是指地处某些大型客流集散点的轨道交通车站。这类集散点包括机场、铁路客运站、长途汽车站以及交通出行量较大的大型活动中心等。详细分析这些轨道交通车站的预测客流，有利于提高建设工程的规划与设计质量，确保城市轨道交通开通后的运营服务水平。

空间不均衡性受城市轨道交通车站附近土地利用类型影响较大。两端在郊区且穿越中心城区的轨道交通线路往往出现中间大、两头细的棒槌形客流特征，而一端在郊区、另一端在中心城区的线路在早晚高峰可能表现出强烈的潮汐型出行特征。

4.敏感性因素指标

由于预测过程中存在大量的不确定性因素，需要对预测结果进行灵敏度分析。一般说来，城市轨道交通客流预测中的不确定性来源主要有以下三方面。

首先，预测环境不确定。我国城市处于快速发展变化中，许多因素的变化难以事先预计，因而具有不确定性，需要加以细化分析。

其次，预测的基础数据通常并不完备，一些基础数据存在偏差。例如，关于出行的调查一般为抽样数据，土地利用的数据可能也会发生变化，尤其是远景年的发展存在较大程度的假设等，这些均会使预测结果具有不确定性。

最后，预测模型中选择的诸多参数是在假设条件下做出的。例如，城市轨道交通的票价水平可能发生变化，出行者对服务水平的感知存在差异，地面公交与私家车的使用政策会发生变化等，这些均会导致预测结果可能出现偏差。

一般说来，敏感性分析的测试指标重点涉及全日客运量、高峰小时客运量、高峰小时单向最大断面流量等，考虑的因素需要根据相关城市以及项目本身的具体情况来选择确定。例如，公交与（或）轨道交通的票价，轨道交通与其他方式的换乘（协调）时间，轨道交通与地面公交服务水平（间隔与负荷等），出行者时间价值等均是经常选用的参考要素。

第三节　城市轨道交通线网、线路规划

一、线网规划

（一）线网规划原则

城市轨道交通线网规划是城市总体规划中的专项规划内容，线网规划应满足以下原则：

（1）线网规划应与城市总体规划相协调，并预留未来发展余地。

（2）线网规划过程中要充分考虑城市的地形与地貌，城区线路尽可能沿城市干道布设。

（3）线网规划要考虑线路建成后的实际运营，不仅要满足城市主干客流需求，同时要考虑与其他交通方式的衔接，提高乘客换乘的便捷性，此外还应兼顾整个线网客运量负荷的均衡。

（二）线网规划作用

城市轨道交通线网规划的作用：

（1）线网规划是城市总体规划的重要组成部分，是城市轨道交通工程项目建设立项的必要条件，同时也是线路设计的主要依据。

（2）线网规划是确定城市轨道交通建设规模、建设顺序以及编制城市轨道交通近期建设规划的依据。

（3）线网规划是决定线网结构、换乘车站和换乘形式的基本依据。

（4）线网规划是城市轨道交通工程建设用地规划控制的重要依据，可以有效地控制和降低工程造价。

（5）线网规划是城市建设的骨架，可推动城市建设与发展，保障城市轨道交通建设运营的可持续性。

（三）线网规划内容

线网规划涉及专业面广，综合性强，技术含量高，主要内容包括前提与基础研究、线网规模和架构、分阶段实施规划等。

1.前提与基础研究

依据城市总体规划和综合交通规划，研究内容包括城市现状与发展规划、城市交通现状和规划、城市工程地质分析和建设必要性论证等。

2.线网规模和架构

线网规模和架构是线网规划的核心内容，主要包括线网合理规模、线网架构方案的构思、线网方案客流测试、线网方案分析与评价。

3.分阶段实施规划

分阶段实施规划的主要内容包括工程条件、建设顺序、附属设施规划。具体内容包括车辆段和其他基地的选址与规模、线路敷设方式和主要换乘节点方案、修建顺序规划，联络线分布、城市轨道交通线网与城市的协调发展和环境要求、城市轨道交通和地面交通的衔接等。国家标准规定，线网规划的方案主要包括线网规模、线网功能层次、线网空间布局等。

二、线路规划

（一）线路敷设方式规划

根据城市轨道交通线路的敷设方式，城市轨道交通线路可分为地下线、地面线和高架线等。

1.地下线

城市轨道交通地下线的建设一般选择在城市中心繁华地区，它是对城市环境影响最小的一种线路敷设方式。

地下线路施工复杂度大，造价高，选线时一般沿城市主干道，应尽量避免从既有多层、高层房屋建筑下面通过。但在条件允许下，将地下线置于道路范围之外，可缩短线路长度，减少拆迁，降低工程造价。

2.地面线

城市轨道交通地面线是造价最低的一种敷设方式，一般敷设在有条件的城市道路或郊区道路上。为保证城市轨道交通车辆的快速运行，一般为专用道形式，

与城市道路相交时，一般应设置为立交形式。

3.高架线

高架线保持了专用道的形式，占地较少，对城市交通干扰较小。高架区段中的高架桥是永久性的城市建筑，整体结构应坚固可靠、结构耐久。

上述敷设方式的选择应结合城市总体规划、线路穿越地区的环境、工程具体技术要求及造价综合比选后确定，其中与城市规划相结合是最重要的方面。由于我国城市道路交通环境复杂，从符合快速性角度考虑，新建城市轨道交通线路一般应做到全封闭。一般在城市中心地区宜采用地下线，其他地区条件许可时宜采用高架线或地面线。

（二）辅助线路规划

辅助线是为保证正线运营而配置的、一般不行驶载客列车的、与运营正线直接贯通的线路。规划的辅助线主要包括折返线、停车线、渡线、联络线、存车线、安全线、车辆段出入线等。

1.折返线

折返线主要用于运营列车往返运行时的折返（包括始发、终点站的折返和中间小交路的折返）及夜间存车，以实现列车的合理调度和正常运行。

折返线布置形式按折返方式可分为站前折返和站后折返等；按折返线与站台的位置关系，主要可分为纵列式和横列式等布置形式；按折返线衔接方式可分为尽头式和贯通式；按折返线的性质可分为双折返线、双渡线折返线、单折返线、单侧线折返线和综合折返线等。

2.停车线

停车线主要用于故障列车临时停放和夜间存车，以减少故障列车对正常行车的干扰和出现线路局部事故时以便组织临时交路。一般而言，停车线可分为纵列式和横列式两种布置形式。

3.渡线

用道岔将上、下行线及折返线连接起来的线路称为渡线。渡线单独设置时，用于临时折返列车，增加运营列车调度的灵活性；在与其他辅助线合用时，可增强其他辅助线的功能。渡线形式一般包括单渡线、"八"字形渡线和交叉渡线等。

4.联络线

联络线是为沟通两条独立运营线而设置的连接线，为两条线路的列车提供过线服务。通过城市轨道交通联络线的跨线列车，一般以不载客车辆为主。

城市轨道交通联络线的布置形式可以分为以下几种：

（1）单线联络线。在两条交叉的线路，或者在两条相近的平行线路之间，仅为车辆送修或调转运营车辆需要而设置的联络线，一般采用单线。

（2）双线联络线。作为临时运营正线使用的联络线应采用双线。根据列车行车组织的要求，双线联络线分为与正线平面交叉和立体交叉等形式。双线联络线的工程量大，造价相对较高。

（3）联络渡线。两条线路采用同站台平行换乘方式时，其车站可采用平面双岛四线式车站或上下双岛重叠四线式车站，这种车站可采用单渡线将两条线路连通。

5.存车线

存车线是为夜间在站停放列车而设置的线路，以便早晚及时按运行图发收车，减少列车的空走时间。

存车线的布置形式与停车线相同，需注意的是，存车线线间距要加宽，线路底部要设深为1.4m的检查坑，并需要考虑排水要求等。存车线有效长度不小于列车长度加24m。

6.安全线

安全线是列车运行进路的隔开线路，是为防止车辆段出入线、折返线或岔线（支线）上行驶的列车未经允许进入正线与正线上行驶的列车发生冲突的一种安全线路，以此确保正线列车安全、正常运行。

第四节 城市轨道交通车站规划

一、车站规划布局原则

城市轨道交通车站直接服务于乘客。车站布局应满足以下原则：

（1）尽可能靠近大型客流集散点，为乘客提供方便的乘车条件。

（2）在城市交通枢纽、不同交通方式的交会处设置车站，使之与道路网及公共交通网密切结合，为乘客创造良好的换乘条件。

（3）应与城市建设密切结合，与旧城房屋改造和新区土地开发结合。

（4）尽量避开地质不良地段，尽可能减少对周围环境的干扰。

（5）兼顾车站间距的均匀性。

二、车站规划布局影响因素

（一）客流集散点规模

大型客流集散点是城市通勤、娱乐休闲的活动中心，是城市的窗口地段，客流集中，对地面交通压力大，应布局相应车站。

（二）城市发展规模

城市规模包括城市建成区和规划区域面积及人口。城区面积越大，城市轨道交通应以长距离乘客为主要服务对象，车站分布宜稀疏一些，以提高城市轨道交通的平均运行速度。人口密度大的城区范围内，客流量大，车站分布宜密集一些。平均站间距不宜过大或过小，应保持合理间距。

（三）城市地貌及建筑物布局

城市中的江、河、湖、山和铁路站场、仓库区等，人口密度低，城市轨道交通在穿越这些地区时可以不设站，但若有开发公园的条件，则应在主出入口处考虑设置车站。

（四）城市交通路网结构

两条城市轨道交通线路交叉时，在其交叉点应设置乘客换乘站；在与城市主干道交叉时，为便于乘客换乘常规公交等交通方式，在交叉点宜设置车站。

三、车站分类

车站是轨道交通中最复杂的一种建筑物，车站按运营特点可分为中间站、越行站、区域站、联运站、枢纽站、换乘站、终点站、车辆段和停车场。

（1）中间站。仅供乘客乘降车之用的车站，是轨道交通线路中最常见的一种车站，尤其是在轨道交通路网建设初期，线路交叉点数目不多时。其设施比其他各类车站都要简单。

（2）越行站。越行站是每个行车方向具有一条以上停车线的中间站，其中一条供站站停的慢车使用，其他供非每站都停的快车使用。

（3）区域站（折返站）。是在车站内有尽端折返设备，能使列车在站内折返或停车的中间站。有了区域站就可以在与之邻接的两个区段上组织不同密度的行车，一般至市中心区的那个区段密度较高，而至郊区的那个区段密度较低。

（4）联运站。可以同时供一条停车较多的管内运输线及一条快车线使用，是单向具有一条以上停车线的中间站，其各站台之间可用天桥或隧道相联系，因此亦可起换乘站的作用。一般在线路上每隔几个中间站便设一个联运站。

（5）枢纽站。位于轨道交通线路分岔的地方，其中有一条是正线，可以在两个方向上接车和发车。

（6）换乘站。能够使乘客实现从一线到另一线换乘的车站。它除了配备供乘客上下车的站台、楼梯或电梯之外，还要配备供乘客由一线站台至另一线站台的设施。

（7）终点站。终点站是位于线路起讫点处的车站，除了供乘客乘降车外，还用于列车折返及停留，因此终点站一般设有多股停车线。当线路需要延长时，终点站可作为中间站或区域站（折返站）来使用。

（8）车辆段和停车场。轨道交通车辆段分为检修车辆段（简称车辆段）和

停放车辆段（简称停车场）。在车辆段配备了必要的停车线及检修设备，列车可以在这里进行试运转、段内编组、调车、停放、日常检查、一般故障处理和清扫洗刷，还可以进行车辆的技术检查、月修、定修、架修和临修等作业。停车场是一种简易的车辆段，其与车辆段的差别是线路数目较少，检修设备也较少，因而不能进行定修、架修和月修等技术作业。

四、中间站设计

（一）中间站布局设计

中间站除了提供给旅客乘降车的功能以外，还具有购物、聚会、城市景观等一系列功能；车站也是空间建筑物与工程结构的结合点，反映了轨道交通系统的特色。因此，轨道交通中间站设计是关于空间、结构、美学三者协调的一门艺术。

1.中间站构成

通常轨道交通中间站包括以下5个基本部分：

（1）站台，供乘客乘、降轨道交通列车的场所。

（2）车站大厅或广场，供乘客聚集或疏散的场所，有些车站还有相当规模的商业空间。

（3）售票厅，为乘客出售车票的场所，当采用自动售检票设施后，售票大厅可以化整为零，只需保留少数补票窗口即可。

（4）轨道交通企业专用空间，如车站办公室、仓库、维修设施及轨道等。

（5）出入口通道，当车站位于地下时，还会有通风道、风亭和其他附属设施。

车站主体根据功能的不同，通常在设计中分为两大部分：

（1）乘客使用空间。乘客使用空间又可分为非付费区和付费区。非付费区是乘客购票并正式进入车站前的活动区域，一般应有较宽敞的空间，根据需要可在这里设售检票设施、银行、公用电话、小卖部等设施。付费区包括站台、楼梯、自动扶梯、导向标志等。乘客使用空间是车站设计的重点，设计时要注意客流线合理，以保证乘客方便、快捷地出入车站。

（2）车站用房。车站用房包括运营管理用房、设备用房和辅助用房三部分。运营管理用房是车站运营管理人员使用的办公用房，主要包括站长室、行车值班室、业务室、广播室、会议室和公安保卫室等；设备用房是为保证列车正常运行、保证车站内环境条件良好和在灾害情况下乘客安全所需要的用房，主要包括通风与空调用房、变电所、综合控制室、防灾中心、通信机械室、自动售检票室、冷冻站、配电室等；辅助用房是为了车站内部工作人员正常工作生活所设置的用房，主要包括卫生间、更衣室、休息室、茶水室等。车站用房应根据运营管理需要来设置，各车站应尽可能减少用房面积，只配置必要的房间，以降低车站投资。

2.平面布局设计

车站平面布置的原则是力求紧凑，能设于地面的设备尽量设于地面，以降低造价。站台是车站中最基本的部分，不论车站的类型、性质有何不同，都必须设置。其余各部分在特殊情况下，可能会被省略或部分省略。城市轨道交通中，乘客在车站逗留时间较短，且没有行李寄存与货物运输等业务。在中间站上，客流只有往返两个方向，因而乘客在站内活动形成的客流线及车站服务设施都比较简单。

车站总体布局应按照乘客进出车站的活动顺序，合理布置进出站的流线。流线宜简捷、顺畅，尽可能使流线不相互干扰，为乘客创造便捷的乘降环境。

（二）中间站站台布置类型

车站按站台形式可分为岛式车站、侧式车站两种基本类型。站台位于上、下行线路之间的车站称为岛式车站；站台位于线路两侧的车站称为侧式站台车站，简称侧式车站；在线路之间和两侧均设置站台的车站称为岛侧式车站。

岛式站台位于上、下行线路之间，可供上、下行线路同时使用。在站台两端或中部有供旅客上下的楼梯通至地面或站厅层。当升降高度大于5.5m时，一般要设自动扶梯。

当车站为深埋（埋设深度在12m以上）时，通常采取盾构法等方法将一条线建成两条独立的单线隧道。如果车站采用岛式站台，车站内线间距（M）由站台宽度（B）和车辆宽度决定，即$M=B+2.8$（车辆宽度）$+0.1$（安全距离）$=B+2.9$（m），区间线路的线间距一般等于车站处的线间距。这样，区间隧道可直接与车站隧道相连接。

当车站为浅埋（埋设深度在12m以内）时，区间隧道一般采用明挖法或盖挖法等方法建成双线隧道，这就要求区间采用线间距最小值。如果车站采用岛式站台，则靠近车站的地段必须将线间距加宽，形成喇叭状。

侧式车站站台位于线路两侧，线路一般采用最小间距在两站台之间通过。当区间线路为浅埋或高架时，因区间和车站处的线间距相同，故不需修建喇叭口；当区间线路为深埋时，由于区间两条单线隧道间要保持一定间距，此间距大于站上线间距，因此在车站两端需要修建渡线室，以便把车站处的最小线间距加宽到区间线间距。

侧式站台的最小宽度视其上有无立柱而定，一般为4~6m。因站台宽度较小，故不能在站台设置三条梯带（电梯通路）的自动扶梯。因此，必须在车站的一端设置前厅，站台与前厅用楼梯相连，前厅的出口用自动扶梯与地面相联系。必要时，也可在站台中心设置出入口。

岛式站台与侧式站台相比较，在运营方面有以下优点：

（1）站台面积可以更充分地被利用，因为当一个方向的乘客很多时，可以分散到整个站台宽度上；而侧式站台则不然，它会出现一个方向的站台很拥挤、另一方向的站台尚未充分利用的不利情形。因此，两个侧式站台的宽度之和一般大于一个岛式站台的宽度。

（2）因所有的行车控制都集中在同一站台上，故运营管理比较方便。

（3）在站台的端部可借助于自动扶梯或楼梯直接通至地面，使得乘客上下很方便。

（4）对于乘错方向的乘客的折返也较为方便，若为侧式站台，则乘客折返时必须通过前厅或跨线设施转换。

此外，当车站深埋时，岛式站台不用设置渡线室和喇叭口；当车站的天花板为拱形时，站厅的最高部分正好在站台上方，故站厅在建筑艺术处理上较好。而用侧式站台时，站厅的最高部分位于线路上方，视觉效果受到影响。

由于岛式站台优点较多，因此国外现有的地下车站绝大多数都采用这种形式。例如，莫斯科地铁中除1座侧式站台以外，其余车站都采用了岛式站台。北京地铁1、2号线及上海轨道交通1号线的绝大部分车站也都采用岛式站台。

然而，当车站位于地面或高架桥上时，修建侧式站台则是有利的。当车站位于地面时，站台上必须安装雨棚，站台外必须设围墙。在这种情况下，没有必要修建过渡线间距的喇叭口，同时，将乘客从站台上疏散出去也没有什么困难。当车站位于高架桥上时，将两条线路放在当中，可以使最大荷载位于桥梁结构的中间，便于增加结构稳定性及节省造价，旅客从两侧到站台也较方便。

在有些特殊的情况下，有可能综合上述两种形式，形成混合型的三站台式车站，即既有岛式站台又有侧式站台。从运营方面看，这种车站可以实现上、下客流的分流，即中央的岛式站台用于上车，而两个侧式站台用于下车。这种站台初看起来似乎能够大大缩短停车时间而提高线路通行能力，但由于乘客上车要比下车慢得多，因而停站时间减少量很有限，效果并不明显。从工程方面看，这种车站造价比岛式高出50%～100%，占地面积也明显增加，乘客的竖向输送设备布置尤其复杂。因此，三站台式车站用得极少。

（三）跨线设施及垂直交通

1.跨线设施

由于城市轨道交通列车的速度快、密度高，要求整个线路封闭程度较高。考虑乘客候车安全，侧式站台上、下行线间加防护栏杆隔开，所以有上、下行越线问题。岛式站台乘客进站也有越线问题，行人过街也同样有越线问题。

对地面站来说，除了客流量特别小的情况外，一般均须设跨线设施。地面站的跨线设施可以设计成天桥或地道两种方案。天桥方案较经济，施工方便，对交通干扰少，应优先采用。

地下站一般为岛式车站，这时没有跨线问题。如果为侧式车站或岛侧组合车站，则利用地下一层设置跨线设施，也可以利用站厅解决各站台的联络问题。

高架站应该尽量利用高架桥面以下的结构空间解决跨线功能，也可以在解决高架站的垂直交通时，同时解决跨线问题。但要注意避开道路的交会路口，以满足道路上空的限高要求。如在高架桥上再设天桥，对于乘客来说会加重负担，安全感差，又占用较多高架站台面积，增加高架站结构的复杂性，提高了造价，也影响景观。

2.垂直交通

地下站和高架站与地面的联系必然通过垂直交通来疏导乘客，天桥或地道跨线设施也需要垂直交通。垂直交通的设计要求位置适宜，路线便捷，宽度合理。

地下车站的出入口位置应根据车站位置的地形、地势等具体条件，并满足城

市规划和交通的要求，可设在人行道上、街道拐角处、街道中心广场和街心花园处，以及建筑物内和建筑物旁边。

地下铁道车站的出入口及通道的数目和宽度应根据该地区的具体条件和客流量确定，并考虑紧急情况下，站台的乘客和停在列车内的乘客必须在6min内全部疏散出地下站并上到地面。出入口及通道宽度应根据高峰小时客流量计算确定，采用宽度一般不小于2m，最小不得小于1.5m。地下通道净高一般为2.5m左右。

高架站的垂直交通布置，通常有两种方式：一种为在街道两侧布置垂直交通，经天桥进入高架车站，即天桥进出方式；另一种是利用桥下空间，由楼梯通向休息平台，再通向两侧高架站台或岛式站台，即桥下进出方式。

五、换乘站设计

换乘站是路网中各条线路的交叉点，是提供乘客转线换乘的场所。除了供乘客上、下车之外，还要能实现两线或多线车站站台之间的人流流通。换乘站可以由中间站补充换乘设备而成，或者一开始就建成供两条相交线路使用的联合车站。

（一）换乘方式

换乘站的形式按换乘方式分为同站台换乘、结点换乘、站厅换乘、通道换乘、站外换乘5种基本类型。下面按换乘方式分别介绍常用的换乘站类型。

1.同站台换乘

同站台换乘的基本布局是双岛式站台的结构形式，可以在同一平面上布置，也可以双层布置。

2.结点换乘

在两线交叉处，将两线隧道重叠部分的结构做成整体的结点，并采用楼梯将两座车站站台连通，乘客通过该楼梯进行换乘。结点换乘方式依两线车站交叉位置的不同，有"十""T""L"三种形式。各种交叉方式又有不同的换乘方式，如"十"字形换乘中，常用的换乘站类型有岛式与侧式换乘、岛式与岛式换乘和侧式与侧式换乘。

3.站厅换乘

这种换乘站设置两线或多线的共用站厅，或相互连通形成统一的换乘大厅。站厅换乘站可采用同层并列侧式站台、同层并列岛式站台和上下层平行侧式站台形式。

4.通道换乘

在两线交叉处，车站结构完全被分开，用通道和楼梯将两车站连接起来，供乘客换乘。连接通道一般设于两站站厅之间，也可以在站台上直接设置。

（1）当两条轨道交通线路在区间相交时，两线车站布置构成"L"形，两线上的轨道交通车站均应靠近交叉点设置，并用专用的人行通道相连接来完成换乘。

（2）当一条线路的区间与另一条线路的车站"T"形交叉时，位置较高的车站集散厅可用一条人行隧道与一个地下站厅（前厅）相连接，该地下站厅则经由自动扶梯隧道而与位置较低的车站相连接。

除上述4种基本的换乘方式之外，还可采用站外换乘及组合换乘来达到换乘的目的。

（二）换乘站布局设计

前文介绍了几种常用的换乘站类型，这里分别对这几种类型的换乘站的布局设计进行介绍。

1.同站台换乘

同站台换乘是指乘客通过同一站台或相距很近的两个平行站台即可实现转线换乘。乘客只要走到车站站台的另一边或与之相当的距离就可以换乘另一条线路的列车。对乘客来说，这当然是最佳方案，尤其是在客流量很大的情况下。但这种车站往往要花费较大的工程投资。由于这种换乘方式要求两条线具有足够长的重合段，近期需要把车站预留线及区间交叉预留处理好，工程量大，线路交叉复杂，施工难度大，因此应尽量选用在建设期相近或同步建设的两条线的换乘站上。

若将两条交叉的线路在站上设于彼此平行的位置且运营时不相互干扰，就要求在出站时两线之间立体交叉。线路交叉的方式不同，会对线路长度、曲线数目及交角、线路坡度等产生不同的影响。

若深埋车站按这种方式布置，则两车站间的距离应定得足够大，使它们的施工互不干扰，而且使每一坑道上方均形成其独立的压力拱圈，因此深埋换乘车站

的总宽度最大达70m。

若浅埋车站也按这种方式布设，则中央两股道之间的距离可减至最小，因为在明堑中修建，该间距取决于设置线路侧墙的要求。设两站台宽均为10m，则在这种情形下车站总宽度仅有36m。

若将两股道设在同一垂直平面内时，车站布置应为双层式的，即有上下两个站台，并用梯阶相连接，其间的高差一般不超过5.5m。上层的两股道设在钢筋混凝土楼板上面，楼板的支撑是车站衬砌及设在下层站台上的立柱。若站台宽度均为8m，则双层式车站可设在一个直径为16m的圆周内。

在修建浅埋换乘站时，当街道宽度不能容纳其他类型车站时，采用双层式换乘车站是比较合理的。当车站为深埋时，因两层车站自动扶梯很难布置，故采用这种换乘站有些困难。例如，连接车站一个站台和地面站厅的自动扶梯布置便是一个难题。当然，也可在车站两端各设一套自动扶梯，使之各供一个站台使用，但是对于换乘站来讲，客流是很大的，需要检验其能力是否满足客流要求。

双层车站理念的进一步发展，便是在双层车站上将不同平面内的股道铺设在不同的竖直平面内。这种车站的特点是上下层站台标高相差较小，使换乘较为方便，但却使区间隧道的交叉条件变得差些。下层站台为岛式的，上层则用两个侧式站台，其间用天桥联结。由于坑道宽度很大，便需要安设中间立柱来支撑顶部拱圈。下层车站的乘客可经由楼梯上到顶层，根据顶层站台必须设在建筑物接近限界以上的条件，该楼梯总高度的最小值约为3.05m。在选择交叉方式时，应将客流较小的车站设在下层。这种形式的换乘站因为坑道宽度很大，在软土地层中稳定性差，因此它一般只用于坚固的地层中。

这种换乘布置形式在莫斯科地下铁道设计中最早采用。该车站用两列纵向排列的立柱将地下空间三条隧道连成一个封闭整体。在车站中央部分的两端设置上、下的楼梯和自动扶梯，把两层车站站台连接起来，完成换乘和进出站的连接。

两平行线路不构成交叉，但两线在某站处相距很近，如果两线之间存在大量换乘客流，则可将这两站拉近，并可设计成同站台换乘站。如东京地铁银座线与半藏门线的换乘站——参道站。莫斯科诺金娜广场站、圣彼得堡工学院站等也都属于该类换乘形式。

2.结点换乘

结点换乘是指在两线交叉处，将两线隧道重叠部分的结构做成整体的结点，并采用楼梯将两座车站站台连通，乘客通过该楼梯进行换乘，换乘高差一般为5~6m。

结点换乘方式依两线车站交叉位置，又有"十"字形、"T"形和"L"形三种布置形式。例如，北京西直门站为"十"字形，复兴门站为"T"形，积水潭站为"L"形。

一般结点换乘站的换乘能力较小，但是若换乘站布置设计合理，也能够达到较大的换乘能力。如柏林地铁的一个结点换乘站。该站为三层框架结构，地下一层设有4个通向地面的出入口，以吸引和疏散不同方向的客流，并设有直接通向地下二层站台和地下三层站台的自动扶梯。两条地铁线路呈"十"字形交叉，车站站台都采用岛式站台，两个岛式站台通过换乘楼梯相连接，实现不同线路之间的换乘。

结点换乘方式设计的关键是要注意上、下楼的客流组织，避免进、出站客流与换乘客流的交叉紊乱。该方式多应用于侧式站台间的换乘，或与其他换乘方式组合应用，可以达到较佳效果。

两个岛式站台之间采用这种换乘方式联接一般较为困难，因为楼梯宽度往往受岛式站台总宽度的限制，其通行能力难以满足换乘客流需求。如果两条交叉线路的高差足够大，那么可以采用两个车站"十"字形塔式交叉，两站台之间用双层式梯阶相连接。

结点换乘方式的结点要求一次做成，预留线路的限界净空及线路位置受到制约，这就要求预留线要有必要的研究设计深度，避免预留工程不到位或过剩等不良现象产生。

3.站厅换乘

站厅换乘是指乘客由一个车站的站台通过楼梯或自动扶梯经由另一个车站的站厅或两站的共用站厅到达另一车站站台的换乘方式。乘客下车后，无论出站还是换乘，都必须经过站厅，再根据导向标志出站或进入另一站台继续乘车。由于下车客流只朝一个方向流动，减少了站台上人流量，乘客行进速度快，在站台上的滞留时间减少，可避免站台拥挤，同时又可减少楼梯等升降设备的总数量，增加站台有效使用面积，有利于控制站台宽度规模。

站厅换乘方式与前两种方式相比，乘客换乘路线通常要先上（或下）再下（或上），换乘距离较大；若站台与站厅之间由自动扶梯连接，可改善换乘条件。

上海轨道交通1号线及莘闵线（5号线）的莘庄站，是采用同层并列侧式站台形式，通过上一层共用站厅层来完成换乘。这种换乘方式有利于各条线路分期建设。

4.通道换乘

在两线交叉处，车站结构完全分开，当车站站台相距稍远或受地形限制不能直接通过站厅进行换乘时，可以考虑在两个车站之间设置单独的连接通道和楼梯，供乘客换乘，这种换乘方式称为通道换乘。连接通道一般设于两站站厅之间，也可以从站台上直接设置。

通道换乘方式布置较为灵活，对两线交角及车站位置有较大的适应性，预留工程少，甚至可以不预留，容许预留线位置将来可以少许移动。通道宽度按换乘客流量的需要设计。换乘条件取决于通道长度，一般不宜超过100m，这种换乘方式最有利于两条线工程分期实施，预留工程最少，后期线路位置调整的灵活性大。

下列两种情况下常采用通道换乘：

（1）当两条轨道交通线路在区间相交时，构成"L"形，两线上的轨道交通车站均应靠近交叉点设置，并由专用的人行通道相连接。例如上海1号线与2号线的人民广场站呈"L"形布置，2号线的地下二层站厅层与1号线的地下一层站厅层通过10m宽的地下通道实现换乘。

在条件许可时，可利用联合式的地面站厅或地下站厅来换乘，联合式地面（或地下）站厅用自动扶梯与两个车站相连接，而在地面只设一个共同出口。为此，两个车站集散厅的端部至线路交叉点的距离都应当与它们的埋置深度相适应。

也可以同时采用上述两种方案。这时人行隧道的宽度可减小，并只用于单向通行。反向换乘时可通过自动扶梯隧道实现。

（2）当一条线路的区间与另一条线路的车站"T"形交叉时，位置较高的车站的集散厅可用一条人行隧道与一个地下站厅（前厅）相连接，该地下站厅则经由自动扶梯隧道而与位置较低的车站相连接。

例如，莫斯科的普希金、高尔基和契诃夫三个地铁车站布置呈三角形。车站的两端通过自动扶梯和三个地面大厅进、出口连接。换乘通道都衔接着每个车站的中部，这样可以使客流能在不同方向分配并使客流能按站台长度均匀分布。

5.其他

除了上述4种基本的换乘方式之外，还可采用站外换乘及组合换乘来达到换乘目的。站外换乘是乘客在车站付费区以外进行换乘，实际上是没有专用换乘设施的换乘方式。它在下列情况下可能会出现：

（1）高架线与地下线之间的换乘，因条件所迫，不能采用付费区内换乘的方式。

（2）两线交叉处无车站或两车站相距较远。

（3）规划不周，已建线未做换乘预留，增建换乘设施十分困难。

采用站外换乘方式，往往是没有轨道交通线网规划而造成的后遗症。由于乘客增加一次进出站手续，步行距离长，再加上在站外与其他人流混合，因而显得很不方便。对轨道交通自身而言，它是一种系统性缺陷的反映。因此，站外换乘方式在路网规划中应尽量避免。

在换乘方式的实际应用中，若单独采用某种换乘方式不能奏效时，则可采用两种或多种换乘方式组合，以达到完善换乘条件、方便乘客使用、降低工程造价的目的。例如，同站台换乘方式辅以站厅或通道换乘方式，使所有的换乘方向都能换乘；结点换乘方式在岛式站台中，必须辅以站厅或通道换乘方式，才能满足换乘能力；站厅换乘方式辅以通道换乘方式，可以减少预留工程量；等等。这些组合的目的，是力求车站换乘功能更强，既保证具有足够的换乘能力，又使得工程实施及乘客使用方便。

（三）轨道交通系统与其他交通方式的衔接

现代大都市是由中心城及若干卫星城（或新城）组成的城市群，中心城本身也由多个副中心组成，市中心、副中心、卫星城等相互之间都有着大量的人流联系。由于城市轨道交通线路较少，其覆盖范围及吸引范围有限，仅依靠轨道交通系统承担是不够的，只有与其他交通方式（常规公共汽车、电车、小汽车、自行车、城市对外交通）紧密衔接起来，才能使城市轨道交通系统发挥最大的作用。

1.与常规公交的衔接

城市轨道交通线路与常规公交（公共汽车、电车）的衔接关系反映在线路与站点两方面，当然线路最终还是通过某个站点或一系列站点与轨道交通发生衔接关系。

城市轨道交通线路与常规公交线路的关系是主干与支线的关系。在通常情况下，每条轨道交通线路客运能力是每条常规公交线路的5~8倍，因而轨道交通沿着城市的主要客流走廊布设，其平均乘距也较长，这样可以发挥其大运量、快速、准时、舒适的系统特性。常规公交运能低，但机动灵活且运营成本低，可以布设较多的线路，所以在居民区与轨道交通车站之间形成接驳交通联系，以达到扩大交通吸引范围、减少居民步行距离、方便居民出行的目的。

由于城市交通流量的发展是从小到大的，因而城市交通的发展一般是先有常规公交后有轨道交通。当轨道交通线路形成以后，通常要对常规公交线路走向及其站点做一些调整。在调整常规公交线路时，通常的做法如下：

（1）在轨道交通沿线取消重合段（或附近的平行段）较长的常规公交线路，将其改设到与轨道交通横向交叉的道路上，或改移到轨道交通服务半径以外的地区。

（2）增加与轨道交通线路横向交叉的常规公交线路，并尽可能缩短两者之间的换乘距离，使常规公交担当轨道交通线路的接驳交通线路。

（3）增加以轨道交通车站尤其是换乘枢纽为起终点的常规公交线路，为轨道交通集散客流创造较好的条件。

轨道交通车站与常规公交车站的衔接一般有三种等级规模。

（1）一般接驳站：一般接驳站为轨道交通中间站与常规公交线路中间站的换乘点。在这类换乘点中，通常考虑公交车站离轨道交通车站的出入口近些，且乘客尽量不要平面穿越交通量较大的干线道路换乘。

在轨道交通建设初期，通常客流量较小，行人穿越街道乘坐轨道交通对地面交通的干扰还不太严重。随着城市的发展以及轨道交通车站对客流日益增大的集聚作用，轨道交通车站的人流量越来越大，这些人流在穿越道路时非常危险，对地面交通的干扰很大。多数轨道交通车站设在干线道路附近，这样就更增加了危险性及对地面交通的干扰程度。因此，在交叉口附近设置轨道交通车站，车站中心应尽可能位于交叉口中央，并在各个路口都设置出入口。

当轨道交通车站设置在道路一侧时，应充分考虑到干线交通流对未来大量的轨道交通集散客流的阻隔作用，设置或预留行人过街通道。当行人过街通道位于地下时，可与轨道交通车站结合起来布置，以节省工程造价。

在集散客流量较大的轨道交通车站，其出入口的数量不宜太少。我国现有的轨道交通中间站通常只设3~4个出口，而东京等发达城市中轨道交通中间站的出入口数量一般有5~10个，这不仅可以为常规公交接驳提供更多的便利，而且可以缩小每个出入口通道的宽度。把出入口做得小巧玲珑，不仅增添了城市景观，此外，还增大了车站周围用地的商业价值。

（2）大型接驳站：大型接驳站是指位于轨道交通起讫点站、地区中心及接驳换乘量较大的轨道交通车站的换乘点。在此布置的常规公交车站主要为某一个扇面方向的地区提供服务。这里通常作为多条公交线路交会的公交车站，需提供3~4个车位或线外有超车功能的港湾式停靠设施，规模可达3000~5000m²。

大型接驳站的布置宜设于轨道交通车站200m范围内，有条件时可考虑与轨道交通车站建筑结合；在规划设计时，除考虑尽可能减少人流、车流交叉外，要配备必要的运营服务设施和导向标志。

（3）枢纽站：枢纽站一般是两条以上轨道交通线路交叉处。这种车站的客流集散量很大，日客流集散量可达几十万人次。大型枢纽站的站场规模较大，一般在10 000m²以上。有些大型枢纽站，由于受用地范围的制约，或为了更有效地进行客流组织，采用立体化布局，实现人车分离、换乘便捷的功能。

如法国巴黎苔芳斯地铁大型枢纽站，该站在规划时就考虑了各种交通之间的综合换乘，将地铁及快车线、国家公路、城市公共汽车线、高速公路、停车场等分别设在不同的层次空间内，构成一个便捷换乘的立体交通体系。地铁之间的换乘放在地下4层，4条地铁线路的站台呈平行布置。换乘量大的线路共用一个岛式站台，乘客从站台一侧步行到另一侧即可实现换乘。其他方向的换乘通过楼梯进入换乘大厅来实现，整体换乘非常方便。

2.与私人交通方式的衔接

私人交通方式包括自行车、助动车、摩托车和小汽车等。目前，我国大城市中使用自行车（含助动车）的比例较高，上海市超过了30%；随着小汽车的售价下降及人民生活水平的提高，购买小汽车的人数越来越多，北京拥有小汽车的家庭已超过30%。因此，在城市轨道交通车站设计中，必须要考虑与私人交通方式

的紧密衔接。

（1）与自行车（助动车）的衔接：自行车的停车场应结合车站出入口周围的用地和建筑物情况进行设置。目前，北京地铁的一般做法是将出入口周围划出一片地作为停车场地，但随着城市的发展，市中心的用地越来越紧张，这种做法难以实施。因此，规模较大的车站可考虑利用地下空间设置停车场。根据轨道交通车站的规模及其可能吸引的自行车停放量，自行车停车场的规模可控制在 $60 \sim 2000 \mathrm{m}^2$。

（2）与私人小汽车的衔接：随着社会经济的发展，私人小汽车的拥有量也随之提高。例如，巴黎地区有78%的家庭拥有小汽车。许多人乘坐小汽车上下班，大量小汽车进入市区，加剧了道路交通的压力。为缓解这一矛盾，许多城市采用大力发展中心区公共交通、限制小汽车进城的战略。为有效地实施这一战略，在中心区周围的轨道交通车站兴建小汽车停车场是一项必要的引导措施。

小汽车停车场布置灵活多样，可以是地面的，也可以是地下或高架的。

小汽车停车场常采用与大型枢纽站共同兴建的方式，如日本的名古屋火车站、东京火车站以及马赛的圣夏尔车站等。

3.与城市对外交通站点的衔接

城市规模越大，城市与外部的人员交往就越多。上海、北京等大城市，每天进出城市的人员总量高达几十万人，这些人员必须经过火车站、机场、长途汽车站、客运码头等站点。因此，将城市轨道交通车站与这些城市对外交通站点紧密地衔接起来，对方便人们长途出行、节省出行时间是很有意义的。

城市轨道交通车站与对外交通枢纽的衔接方式有三类：地面方式、高架方式、地下方式。在大城市中，由于对外交通站点的客流集散量很大，需要较大的地面广场供常规公交及小汽车使用，如采用地面衔接方式会使步行距离较大，因此较多使用高架方式和地下方式。

火车站一般建筑历史悠久，周围用地容积率很高，高架方式也难以实施，因而火车站的对外交通站点衔接通常采用地下方式，如日本京都的京都车站、福冈的博多火车站、巴黎的里昂火车站都是地面火车站与轨道交通地下站衔接。上海轨道交通1号线的上海火车站虽然也位于地下，但由于平面上与铁路站台相距较远，换乘仍然很不方便。由此可见，不论采用什么衔接方式，最主要的是要从乘客的换乘功能出发，从平面、立面等不同角度综合地考虑换乘路径的合理性，使得换乘路径尽量短捷而顺畅。

为了改善火车站与轨道交通车站的换乘关系，一般在火车站附近修建城市轨道交通车站时，都伴随着火车站的改建或再建工程。下面介绍巴黎的诺尔火车站交通衔接案例。

诺尔火车站位于巴黎市北部，高峰小时运量约58 000人，车站处于饱和状态，有必要再建。然而，诺尔车站地面场地有限，再建的唯一办法是修建地下车站。同时，巴黎地铁4号线的客运压力也很大，巴黎运输公司计划修建一条复线直抵诺尔站，与铁路连接。计划兴建的地铁诺尔站与铁路诺尔站近在咫尺，故巴黎运输公司与国有铁路公司双方决定共同兴建这座车站。

扩建的诺尔站全长320m，平均宽度48m，车站结构底板至顶板高约13m。车站共分三层，底层为地面铁路与地铁线路的连接车站，为两个岛式站台，各设置两条线路，站台比较宽敞，乘客无须出站即可换乘。中间层又称夹层厅，起集散厅作用。厅内布置着通往上、下层各站台的梯道以及连接地面站的通道。上层为郊区火车站，露天部分为地面铁路备用站。车站各层由换乘梯道及自动扶梯贯通。出站两侧分别为一个售票厅和一条通向街道的地下通道，连接着地面和地下出站。该站的建成大大改善了巴黎北郊地面铁路与巴黎区域快速轨道交通线的换乘条件，提高了地面铁路与地铁的运输能力。

六、车辆段与停车场

规划研究阶段车辆段及停车场设计的重点是根据快速轨道交通规划路网进行选址，确定各段、场的合理分工及建设规模，以达到控制建设用地的目的。

（一）车辆段的功能与设施

车辆段是车辆的维修保养基地，也是车辆停放、运用、检查、整备和修理的管理单位，其设计的优劣直接关系到轨道交通系统的工作质量和运营效率。

1.车辆段的类型

按照规定，地铁车辆段根据功能可分为检修车辆段（简称车辆段）和运用停车场（简称停车场）。车辆段根据其检修作业范围可分为架（厂）修段和定修段。独立设置的停车场应隶属于相关车辆段。

2.车辆段的主要功能

（1）列车的停放、调车编组、日常检查、一般故障处理和清扫洗刷、定期消毒。

（2）车辆的修理——月修、定修、架修与临修。

（3）车辆的技术改造或厂修。

（4）车辆段内通用设施及车辆维修设备的维护管理。

（5）乘务人员组织管理、出乘计划的编制、备乘换班的业务工作。

根据城市轨道交通线路的情况，有时可以另外设置仅用于停车和日常检查维修作业的停车场或检车区，管理上一般附属于主要车辆段，规模较小，其功能主要如下：

（1）列车的停放、调车编组、日常检查、一般故障处理和清扫。

（2）车辆的修理——月修与临修。

（3）附设工区管理乘务人员出乘、备乘轮班。定修段的功能介于车辆段和停车场之间。

3.车辆段的必备设施

（1）车辆段应有足够的停车场地，确保能够停放管辖线路的回段车辆。车辆段的位置应保证列车能够安全、便捷地进入正线运行，并应尽量避免车辆段出入线坡度过大、过长。

（2）车辆段内须设检修车间。检修车间的工作地点为架、定修库和月修库；列检作业在列检库或停车库（线）进行；架、定修库内应有转向架、电机、电器、制动机维修间，应设转向架等设备的清扫装置、单独设立的喷漆库；车辆段内还应有车辆配件的仓库。

（3）根据运营管理模式的要求，多数运营单位在段内设运用车间，车间下辖乘务队、运转值班室、信号楼、乘务员备乘休息室、内燃轨道车班等。

（4）车辆段内还应有设备维修车间，负责段内的动力设施及通用设备维修。

（5）车辆清洗设备，并设专用的车辆清扫线。

（6）车辆段内一般还设有为供电、通信信号、工务和站场建筑服务的维修管理单位。

（7）办公楼与其他服务设施，如培训场地、食堂、会议厅等。

4.车辆段的线路配置

轨道交通车辆段根据生产需要和所担负的任务范围一般应设置下列线路。

（1）连接线路：出入段线。

（2）停放线路：列车停放线。

（3）作业线路：列检作业线、月检作业线、定修线、临修线、架修线。

（4）辅助作业线路：外皮清洗线、吹扫线、油漆线、不落轮镟修线。

（5）试验线路：静态调试线、动态试车线。

（6）辅助线路：调机停放线、牵出线、材料装卸线、回转线、国铁联络线、救援列车线。

（二）车辆段规模估算

目前各国城市轨道交通车辆检修采用两种制式：一种是厂修、段修分修制，另一种是厂修、段修合修制。

厂修、段修分修制，就是修建专门的车辆大修厂（不限于1个），它承担全线网各线车辆的大修任务。车辆的架修、定修及其以下的修理工作，由各线的车辆段承担。

厂修、段修合修制就是不设专门的车辆大修厂，车辆的大修在车辆段内进行。

前一种制式，用于线网规模较大的城市，具有一定的经济性，对于线网规模不大的城市，采用厂修、段修合修制较为经济。

从国内外情况来看，只有莫斯科和北京采用厂修、段修分修制，其他城市均采用厂修、段修合修制。我国已经修建和正在修建轨道交通的城市，如上海、广州和香港等基本上采用厂修、段修合修制。

采用厂修、段修分修制的优点是实行专业化生产，形成规模效益，有利于提高修车质量。其缺点是在工程建设起始阶段必须同时修建车辆大修厂和车辆段，但形成有一定规模的轨道交通线网须经几十年时间，因此，大修厂在建成后相当长的时间内，因系统规模小，车辆大修车任务不足，投资效益难以发挥。

采用厂修、段修合修制，就可避免上述缺点。另外，由于车辆进行大修所用的大部分机械设备与车辆进行架修所用的机械设备基本相同，因此，将厂修与段修合并还可减少机械设备的重复投资，提高设备利用率。

城市轨道交通车辆的检修规程通常分为列检、月检、定修、架修和厂修（又称大修）。根据修理规程的规定，各种修程包含的主要检修范围和内容如下：

（1）列检：对容易出现危及行车安全的各主要部件（如轮对、弹簧、转向架、受电弓、控制装置、空气制动装置、车钩及缓冲装置、蓄电池、车门风动开关装置、车体、车灯等）进行外观检查，对危及行车安全的故障及时进行重点修理。

（2）月检：对车辆外观和一般功能进行检查，即对车辆主要部件的技术状态进行外观检查和必要试验，对危及行车安全的故障进行全面修理。

（3）定修：主要是预防性的修理，需要架车。对各大部件的技术状态和作用作较仔细检查，对检查发现的故障进行针对性修理，对车上的仪器和仪表进行校验，车辆组装后要经过静调和试车。

（4）架修：主要任务是检测和修理大型部件（如走行部、牵引电机、传动装置等），同时，通过架车对车辆各部件进行解体和全面检查、修理、试验，对计量的仪器、仪表进行校验，车体要重新油漆标记，组装后进行静调和试车。

（5）厂修：全面恢复性修理。要求对车辆全面解体、检查、整形、修理和试验，要求完全恢复其性能，组装后要重新油漆、标记、静调和试车。总之，厂修后的车辆基本上要达到新车出厂水平。

（三）车辆段的基本图式

车辆段及停车场的平面布置应力求作业顺畅、工序紧凑合理，通常有贯通式及尽端式两种形式。

根据车辆段内所需的各种线路的使用功能和有效长度，并结合地形的具体情况，车辆段的站场形式可分为贯通式及尽端式两种。

从国内外城市轨道交通车辆段设置的案例来看，车辆段结构形式除平面布置形式外，也存在立体布置的形式。其中，东京都营地铁12号线光丘车辆段（三层结构）就是一个典型的案例。光丘车辆段是钢筋混凝土箱形断面的地上一层及地下两层的三层结构，地下一层主要是车辆的检修线，地下二层主要是停车线，而地面层主要设有转向架作业场所、事务所以及办公楼。这种结构形式可以显著节省日益紧张的城市土地资源，对城市轨道交通的可持续发展具有非常积极的意义。但是，另一方面它将大大恶化地铁车辆维修职工的工作环境，所以在借鉴时应慎重进行研究，并提出改善工作环境的措施。我国北京的古城、太平湖及八王坟和上海的新龙华车辆段均采用平面布置形式。

（四）车辆段线路设计

1.车辆段的线路种类及其技术要求

城市轨道交通系统所运用的车辆技术含量大、自动化程度高，与常规铁路车辆段相比，线路配置更为复杂，在工艺设计中应注意下列问题。

（1）出入段线。它是连接正线与车辆段的线路，分单线和双线。尽端式车辆段宜采用双线，贯通式车辆段可在两端各设一条单线。一般车辆段应有两条出入段线，以使进出车不互相干扰，或在信号、道岔等设备出现故障时，不至于影响正常运营。出入段线的出岔方式有平交和立交两种方式，在选用时应考虑以下因素：①远期正线通过能力；②出入段线与接轨站的相对位置；③工程上的可行性和工程造价；④对周围环境的影响；⑤其他特殊要求。一般在满足运营需要的前提下，应尽量采用平交方式，以降低工程造价。

（2）列车停放线。城市轨道交通系统不是全日运营，夜间列车须回段停放。列车停放线的数量应按车辆配属数量减去所设计的检修列位（检修列位一般兼作停放列位使用）来确定，使所有列车夜间可以全部回段停放。由于城市轨道交通列车编组较短，设计时可根据不同的车辆段布局形式，尽端式列车停放线长度按两列位（两节编组）考虑设计，贯通式列车停放线长度按3~4列位（3~4节编组）考虑设计。如果车辆段条件受到限制，设计中也可考虑利用始发站、折返站站线夜间停放部分列车。列车停放线数量应含备用列车停放线。

（3）列检作业线。用于车辆的日常检查。列检作业线的数量一般为运用车数的30%，线间距为4.6~5.0m，并要求设置检查地沟，检查地沟的长度应满足最大列车编组长度。线路长度可按两列位或三列位设计。列车停放线和列检作业线的线间距要求不一样，设计中可将列车停放线与列检作业线混合设置或分开设置，这主要取决于车辆段布局形式。为便于列检作业，减少调车作业次数，设计中也可采用所有线路设置检查地沟的方法，但工程造价相应增加。

（4）月检线。列车运行一至两个月，需要更换某些零部件，牵引、制动系统也要进行检查调试，这些工作须在月检线上进行，每条线都设检查坑，线间距

为6.0m。当库形为尽端式时，月检线应按一列位设置；当库形为贯通式时，月检线可按两列位设置。

（5）定修线。列车运行10万km后要架车进行局部分解，对一些关键部件进行检测、修理。完成这些工作的专门线路称为定修线，数量根据检修台位确定，并设有检查坑，线距为7.0m。线路长度不宜采用多列位设置，一般采用一列位形式。

（6）架修线。列车运行30万km后，在架修线上进行架车解体，根据检修工作量确定线路数，线距为7.5m。线路长度不宜采用多列位设置，一般采用一列位形式，甚至可采用半列位（或一个单元）方案。

（7）外皮清洗线。为保持运营列车的清洁，须设置列车外皮清洗线。外皮清洗线有尽端式和贯通式两种布置形式，以贯通式布置方式使用最为方便，但占地过长。设计中采用固定式自动洗车机的清洗线要求满足清洗库前后各一列位长度，且库两端应至少有一辆车长度的直线段，清洗作业时不得影响其他列车的正常作业和运行。一般情况下，列车外皮清洗线单独设置，不宜与列车出入段线共用。

（8）不落轮线。它是保证轨道交通车辆安全运行，提高车辆运行效率的重要设备，对于列车运行过程中因摩擦产生的擦伤、偏磨等不良故障，可以在列车不解体的情况下进行镟轮作业，从而保障列车的安全运行。不落轮线的有效长度应满足列车所有车辆的轮时镟修工作的要求，设备前后应有一辆车长度的直线段，避免影响其他列车的正常作业和运行。作业区段应为平直线路，以保证铣轮精度。

（9）牵出线。用于车辆段内调车作业，根据段内车库位置设1～2条。线路长度至少应满足一列位长度，并设置在方便调车作业、能与车辆段内各线路连通的位置。

（10）试车线。列车经定修、架修或大修后，要求在线路上进行动态试验，检验列车维修后不同速度下的各种工况指标。试车线一般靠近检修库，便于列车上线试验。试车线长度应根据车辆性能和技术参数以及试车综合作业要求计算确定。试车线应为平直线路，困难条件下允许在线路端部设部分曲线，其线路应满足列车试验速度的要求；试车线的其他技术标准宜与正线标准一致。试车线线路上应设置一段检查坑，检查坑长度不应小于1/2列车长度加5m，检查坑深度应为

1.2～1.5m，坑内应有照明和良好的排水设施。如果受用地限制，车辆段内无法设置试车线时，也可考虑先在段内进行中低速试验，并利用夜间停运间隙，再到正线进行高速动态试验。

（11）回转线。列车长期运行，会产生轮缘偏磨。在有条件的情况下，可在车辆段内设置回转线。利用列车在车辆段停留时间上线运行，以平衡轮对偏磨情况。回转线可根据车辆段的地形和布置特点，采用灯泡线或三角线，也可根据出入段线的布置情况，采用外"八"字形布置方式。

（12）国铁联络线。在有条件的情况下，车辆段内要求设置与国铁相连的联络线，以沟通轨道交通系统与国铁的联系，解决轨道交通系统材料、大型设备的运输以及新车入段的问题。

（13）调机停放线。用于停放和检修段内配属调车机车，可根据配属的数量设置1～2条线路。

（14）救援列车停放线。用于停放救援列车，在城市轨道交通系统发生事故或灾害时进行抢救。一般设在咽喉区附近，并有适当的场地。

（15）底架清（吹）扫线。为进行列车定修及架修（或大修）作业，须设置底架清（吹）扫线，对运行后的列车底架和车下设备进行清洁，以便列车解体和检修作业。线路作业长度按一列位长度设计，数量则根据检修工作量确定。为了不影响周围环境，吹扫线应尽量设在车辆段的下风方向。

（16）油漆线。列车大、架修作业后一般应对车体重新喷漆，线路长度可按列位或单元长度设计，数量则根据检修工作量确定，油漆线应设在下风方向。

（17）材料装卸线。车辆段设置材料库，存放供全段使用的原材、备品、备件、工器具等，故应设计材料装卸线引入材料库区，便于外购设备、材料、备品备件的运输。

车辆段的线路种类和数量，按系统规模、车辆选型及检修种类的不同而有所变化，设计时应根据实际情况和工艺要求进行更改。

2.车辆段线路设计内容

（1）线路平面设计：车辆段线路设计的前提是满足车辆运用及检修工艺的要求，在此基础上进行平面设计。

①明确车辆段内各种用途的线路数量，然后确定所使用的道岔号数和最小曲线半径，道岔号数和曲线半径越大，车辆段的咽喉区就越长，占地面积就越大。

一般情况下列车在车辆段内低速运行，速度在15km/h左右，完全可以选用小号码道岔以节约占地。俄罗斯地铁规范规定车辆段采用5号道岔、60m曲线半径，日本地铁多数车辆段采用6号道岔、80m曲线半径。②应按规定确定两相邻道岔间夹直线的最小长度、岔心至曲线起点的最短距离及车库前过道的宽度。③咽喉区道岔布置应力求紧凑，以减少占地。道岔与股道以梯线或倍角方式连接，并尽量使若干股道集成一束，有利于节约用地并便于设置股道间的排水沟。④设计中应考虑将运用线路和检修线路分开布置，在其间要有便捷的联络线，并符合工艺流程，减少迂回走行和进路交叉。

（2）纵断面设计：纵断面设计是为了确定车辆段各控制点的标高，是车辆段横向和竖向设计的基础。①结合现状地形、地物的标高、周围道路、河湖水面的标高、当地洪水位或邻近河流的内涝水位等因素，确定车辆段站场路基标高。②根据接轨点标高、站场路基标高及出入段线的长度，设计出入段线及车辆段内线路的纵断面。出入段最大纵坡不超过40‰，竖曲线半径为2000m。③车辆段库内线路宜设计成平坡，库外线路可设在不大于1.5‰的坡道上，咽喉区最好设计成向段内方向的下坡道，以防车辆溜入正线。

（3）横断面设计：①车辆段横断面设计以总平面图、纵断面图、站场排水图为基础，根据站场排水需要确定车辆段断面形式，以及段内各控制点和主要构筑物如线路、房屋、排水沟及地下管线等的标高，计算土石方工作量。②断面横向坡度一般采用2%，为了避免段内高差过大，站场内均采用锯齿形横断面。

（4）站场排水设计：为了保证安全生产，段内应有良好的排水系统。

站场排水主要是满足车辆段范围内雨水、融化雪水的排除。排水系统由雨水暗管、雨水井、盖板排水沟和雨水口组成。建筑密集区采用暗管排水，股道间及高程受控制地区采用盖板排水沟。沟管的纵向坡度一般不小于3%，横向坡度不小于5%。沟管的断面尺寸根据汇水面积、径流系数及当地的暴雨强度等因素进行流量计算来确定。段内汇集的雨水应就近排入车辆段附近的江、湖或市政雨水主干管中。

车辆段是城市用地大户，在总图设计中一定要紧凑布置，合理用地，并充分利用空间进行综合开发。线路设计是总图设计的基础，其优劣基本决定了总图设计是否合理，因此在设计中应不断优化线路方案，使车辆段的总体布局更趋于合理，以达到既满足使用功能，又节省用地的目的。

（五）车辆段的接轨形式

车辆段出入段线要以满足区间通过能力为前提，同时要考虑城市规划的总体布局，按照节省工程造价的原则进行设计。车辆段出入线设置双线或单线，应根据远期线路的通过能力计算。尽端式车辆段出入线宜采用双线，当为贯通式车辆段时，可在车辆段两端各设一条单线。

车辆段、停车场地址确定后结合车站条件、车场用地情况，以及相关构筑物的现状统筹考虑其与正线的接轨方式，满足车场收、发车的需要，尽量避免敌对进路影响正线运营。出入段线与正线尽量立交，在确保正线通过能力的前提下，可采用平交接轨。在技术可行、经济合理、实施方便且工程量增加有限的前提下，考虑列车掉头功能，减少车辆偏磨。

接轨方式按接轨点的不同可分为中部接轨与终端接轨，按与正线的交叉方式可分为平面交叉和立体疏解。

（1）终端接轨。车辆段设于线路终端，两正线作为出入段线贯通车辆段。无论市内还是城际间的轨道交通，从车辆段在全线中的位置及线路系统工程的追踪间隔时间及交路等情况分析，这种接轨方案对运营来讲都是最为理想的。天津地铁1号线刘园停车场即为这种终端式接轨方式。

（2）中部接轨。车辆段两出入段线与线路正线在中部接轨。中部接轨还可分为平交和立交两种形式。

七、城市轨道交通枢纽规划与设计

城市轨道交通枢纽规划是城市轨道交通系统规划的重要内容。本章首先介绍了城市轨道交通枢纽的定义、功能与特点，探讨了城市轨道交通网络上枢纽规划涉及的要素、原则与基本理念，结合城市轨道交通的特点，研究了城市轨道枢纽规划的技术路线与基本方法，并从建筑布局、交通换乘组织、人流引导、地下空间利用、枢纽商业规划等方面分析了城市轨道枢纽规划的具体方法。

（一）枢纽的界定

枢纽站是具有这样一种功能的场所，即当运输对象（旅客、货物）使用某种运输工具，沿特定路线运行到达枢纽站换乘时，该枢纽站能满足改用其他运输工

具或使用其他路线运行。一般来说，两种以上运输方式或多条公交线路交会的场所都可称为枢纽站。

城市交通枢纽是指城市客、货流集散和转运的地方，可以分为城市客运枢纽和城市货运枢纽。城市客运枢纽是乘客集散、转换交通方式和线路的场所，合理规划、设计城市客运枢纽，是改善公交系统，解决出行换乘，提高公交服务和运营效率的重要环节。

城市轨道交通枢纽作为城市客运枢纽的一种重要形式，是指集多条城市轨道交通线路、不同交通方式、具有必要服务功能和控制设备，为城市对内对外交通、私人交通与公共交通以及公共交通内部转换提供场所的综合性市政设施。因此，城市轨道交通枢纽是在各种交通方式并存条件下为方便乘客、平衡客流而建立的一种交通设施，它能提高整个城市的客运交通服务水平。由于城市规模的不断扩大，居民从起点到终点的一次出行，往往需要使用多种交通工具。城市轨道交通枢纽把私人交通、常规公交和城市轨道交通三个独立的系统组合成一个有机的客运运输整体，给乘客带来极大的便利。

城市轨道交通枢纽的客流和车流来自多方向、多路径、多种目的、多种交通方式，客流方面具有到发量大而集中、多向集散和换乘、各小时段客流不均衡性等特征。因此必须做好客流组织和管理，将换乘客流和到发客流分开，将车流和人流分开，既能各行其道，又能相互贯通、相互转换，构筑为一体化的城市客运交通集散中心。

城市轨道交通枢纽是单一交通功能建筑或集交通功能和商业开发功能于一体的建筑综合体。它的交通功能主要体现为对客流的转移和疏散，它的商业开发功能则需根据具体的项目情况而定。在对城市轨道交通枢纽功能进行定位时应首先确保交通功能的实现。城市轨道交通枢纽由于其自身交通功能的完善和发展势必带来周边区域交通状况的改善，便捷的交通与大量的客流使城市轨道交通枢纽及其周边区域具有巨大的商业价值，往往随着城市轨道交通枢纽的设置，其周边区域内必然形成高密度的商业区、办公区等，这也是城市发展的一个必然规律。作为城市轨道交通枢纽功能的两个方面，其交通功能和商业开发功能同时又是相互制约的。一个城市轨道交通枢纽的规模和形式限定了它所能承受的交通量。商业开发力度的加大必然影响到交通功能的发挥。两种功能之间是一种动态平衡的关系，但一个城市轨道交通枢纽往往达不到理想的平衡状态。所以在设计城市轨道交通枢纽的时候，一定要将它同周边区域的城市规划、交通规划联系在一起，以一种发展的眼光去看待它。作为一个运转良好、功能完备的城市轨道交通枢纽，其自身必须具备强大的适应能力和协调能力，这也是衡量一个城市轨道交通枢纽成败得失的关键。一些交通发达城市的经验告诉我们，只有同城市规划与交通规划相吻合，城市轨道交通枢纽才能将其交通功能、商业功能和社会功能都充分发挥出来。

城市轨道交通枢纽的主要功能就是对枢纽点的到、发客流按不同的目的和方向，实现"换乘、停车、集散、引导"4项基本功能，核心的功能在于换乘。

（1）换乘。来自不同方向、路线及不同交通方式的乘客，需要转乘其他交通方式而发生的行为称为换乘。因为这些乘客属于中转客流，需要经过换乘才能到达最终目的地。

（2）停车。向来自不同方向、路线的不同车辆，提供固定的停车位置和上下客位置，并将不同性质的车辆分区停放，配置合理的道路和场地。

（3）集散。为到达或出发的乘客和车辆实现聚集会合和疏散分流提供客流和车流组织的相关措施，同时还要保证该措施畅通、安全。

（4）引导。对外来客车引导、截流、集中管理，尽量不进市区；引导市内公交车辆与其接驳换乘，向多层次、一体化发展，吸引个体交通向公共交通转移，并提供便捷的换乘方式，在总体上改善市内车辆的运营环境，提高居民出行质量。

（二）枢纽的构成

城市轨道交通枢纽一般由城市轨道交通、常规公交、换乘通道、站厅、停车场、服务设施6个子系统组成。

各子系统作为城市轨道交通枢纽的有机组成部分，相互区别、相互联系、相互作用，为实现出行者换乘舒适、安全和换乘时间最短这一总体目标而服务。城市轨道交通和常规公交是城市公共交通体系中最主要的交通方式，枢纽内换乘通道如同一座桥梁将不同交通方式连接起来，出行者可以利用换乘通道，从一线转入另一线，或从一种交通方式转向另一种交通方式，完成出行过程。站厅的合理布设是减少换乘时间的关键之一，静态交通设施是吸引出行者由私人交通方式向公共交通方式转移，实现公交优先战略的重要手段。服务设施可以提高枢纽的开

发强度，实现土地的综合利用，同时又可以使出行者在候车时间完成购物和商务等活动，从而减少单纯候车时间和出行次数。

6个子系统相互制约、相互协调，充分发挥各自的功能和优势，促使系统达到整体功能的优化。

（三）枢纽规划与设计的基本原则

以往部分城市轨道交通枢纽的规划设计往往带有比较强烈的建筑工程色彩，重视建筑空间、立面、结构、工法等方面的研究，但缺乏对交通功能的研究。城市轨道交通枢纽的建设区域一般都位于城市中心区，土地高密度使用，功能齐全而集中，设施条件千差万别而且彼此之间的关系错综复杂，这就对城市规划工作提出了很高的要求，只有在城市规划具体明确的前提下，才有可能指导具体的城建项目的建设。以交通规划引导城市土地规划和建筑规划，已成为当今城市规划的主流，这一规划思路在以交通功能为主的枢纽规划中显得特别突出。

在确定枢纽规模方面，传统做法比较强调对需求和供给平衡关系的分析。强调需求决定供给，但却忽视供给也能决定需求。规划建设多大的枢纽规模实际上就是确定交通供给能力的过程，交通枢纽的规模决策过程应特别强调动态平衡的思想。

在枢纽内部交通组织设计方面，过去存在的一些做法忽视了枢纽的交通功能。实际上，枢纽内部交通组织的原则十分简单，就是要做到"不同性质和不同方向的交通流分开"，但要做到这一点，需要研究的方面是很多的，一般包括枢纽内部各功能模块的运营要求和交通特征分析、枢纽内部各功能模块的相互关系、各种交通流流量、流向和时间分布、交通流的引导和干预、枢纽内部交通瓶颈分析以及应急状态下（灾害、大规模突发客流、堵塞）交通疏解。

作为一种大型的公共交通设施，城市轨道交通枢纽对周边道路交通将产生巨大的影响，甚至会影响整个城市个别方向的交通水平。因此必须对区域交通组织的应对措施进行详细的研究，同时还要对这些交通组织方案进行详细的交通评价。

交通组织和影响分析主要包括：

（1）枢纽建成后周边道路能力、交通量和服务水平预测。

（2）道路新建、改建措施的实施条件。

（3）道路系统交通组织（引导和限制）措施。

（4）路口渠化和交通信号控制。

（5）利用详细交通预测模型和交通仿真手段进行交通评估。

在区域交通组织研究中，一般采用加大交通供给水平的措施，忽视了对需求控制措施的研究。实际上，交通供给是无法无限加大的，交通供给根本无法满足不受限制增长的交通需求，因此一个成功的区域交通组织方案，必须重视对需求控制的研究。需求控制一般包括车辆种类和性质控制、车辆行驶区域控制、车辆行驶时间限制、停车控制、费用控制、区域内土地利用布局和性质的调整。

1.规划与设计的要素

做好城市轨道交通枢纽的规划必须把握人、车、路、场4项规划要素。

（1）人是客流生成的基本要素，规划宗旨应以人为本，为乘客提供方便、快捷、高质量、高水平的服务。

（2）车是车流生成的基本要素，包括各种车辆的载客能力、速度、舒适度等标准。

（3）路是客流和车流组织的基本要素，包括其流动的路径、道路的通过能力等技术条件。

（4）场指枢纽的场地和选址，是规模和环境的控制要素，包括建筑、景观和环境影响。

2.规划与设计的原则

（1）网络化的原则。

（2）城市化的原则。

（3）发展的原则。

（4）环保的原则。

（5）人性化的原则。

各项原则具体内容前文已有详述，此处不再赘述。

3.规划与设计的思想

（1）遵循总体规划，做好总体布局：城市轨道交通枢纽的总体布局应服从于城市总体规划和交通规划。在进行城市轨道交通枢纽规划时，应以城市总体规划和城市交通规划为依据，并注意选址的合理性和布局的总体性。在规划时，既要充分尊重历史现实，又要为新的规划发展留有余地，要考虑因地制宜、适当分

散、相对集中、灵活布局。

（2）强化建设与管理结合的理念，控制合理的规模：城市轨道交通枢纽的规划内容主要有动态规划和静态规划。动态是指人流和车流，是运营组织的主体。静态是指地面道路、场站和建筑物，是运营配套的基础设施，其中地面道路、场站是为车辆服务的设施，建筑物包括公交站、火车站、地铁站等建筑，是为乘客结集和疏导服务的设施。人流、车流、道路以及场站的流线规划，就是动态与静态的联系。只有通过科学的规划和先进的管理措施，以人为本，强化管理理念，才能发挥城市轨道交通枢纽的综合运营功能，才能控制合理的规模，提高土地利用价值。

（3）重点做好换乘的结构和功能规划，发挥枢纽的最佳效益：枢纽点应具备"换乘、停车、集散、引导"四大功能，其中最重要的功能是换乘。换乘包括内部换乘和外部换乘。位于枢纽的城市轨道交通线，一般不少于两条，且在城市轨道交通线网的交织点上构成换乘站，属于内部换乘。枢纽与地面的出租车、公交车、长途汽车、火车站或机场构成外部换乘，因此对城市轨道交通枢纽的换乘结构进行规划时，既要注意到城市轨道交通的内部和外部的换乘关系，又要兼顾到与其他交通方式之间的换乘关系。

（四）枢纽规划与设计的内容与方法

1.枢纽规划与设计的内容

一个大型城市轨道交通枢纽的规划与设计一般包括以下内容：

（1）背景研究：这部分研究是决定规划成果科学性的前提。背景研究分为现状背景和规划背景两个方面。现状背景研究着眼于对现状问题的分析和寻找造成问题的根源；规划背景研究着眼于领会高层次规划的意图，保证本项规划与设计的延续性。

（2）方法研究：方法研究主要研究具体的枢纽规划与设计项目中选用的方法及工作步骤等。

（3）交通需求预测：交通需求预测是交通规划与设计的基础。在城市轨道交通枢纽规划中进行交通需求预测，一定要考察在一定交通供给（以前期规划为基础）水平下的交通情况，如交通流量、流向、交通结构、转换关系、服务水平、交通敏感程度等。

（4）方案规划：在参考交通需求预测结果之后，要进行包括设施配置、交通组织和实施计划等的方案设计。这部分研究主要采用多方案比选的方法进行，而且应当详略有别，对影响大的规划要点，其方案深度接近设计，使之相对稳定；对于影响稍次的远期项目，则只为下阶段设计提供明确的指导和灵活变化的空间。方案规划的结果还要经过方案评估检验，因此方案规划和方案评估是一个循环过程。

（5）方案评估：方案评估实际上是一个定性分析和定量分析相结合的过程。由于方案规划阶段已经融会了大量的定性分析，因此在方案评估阶段主要进行定量分析。方案评估最主要的手段是交通评估，其次是环境影响和社会经济分析。其中交通评估的基本手段是模型测试。

（6）规划与设计要点：规划与设计的最终目的，就是要对与此相关的下阶段规划设计工作提出明确的规划与设计指导性意见，即规划与设计要点。这部分实际就是规划与设计的汇总提炼过程。

2.枢纽规划与设计的方法

城市轨道交通枢纽建筑的规划与设计方法涉及以下几方面内容：

（1）建筑布局：以常规公交与城市轨道交通的衔接方式来划分布局模式，可分为以下三种：

①放射-集中布局模式。常规公交线网主要以城市轨道交通车站为中心呈树枝状向外辐射，两者线路重叠区间一般不超过城市轨道交通车站路段，并与车站邻接地区集中开发一块用地用作枢纽换乘站场地，作为各条线路终到始发和客流集散的场所，即放射-集中布局模式。这种模式由于始发线路多，常规公交线网运输能力大，乘客换乘方便且步行距离较短，行人线路组织相对简单，对周围道路交通影响较小，但换乘枢纽站用地较大，适合于换乘客流大或辐射吸引范围大的城市轨道交通车站。

②途经-分散布局模式。常规公交线网由途经线路组成，换乘公交停靠站分散设置在城市轨道交通车站附近的道路上，即途经-分散布局模式。该布局模式不需设置用地规模较大的换乘枢纽站场，但线网运输能力较小，部分乘客换乘步行距离较长，行人线路组织相对复杂，换乘客流较大时对周围道路交通有一定的影响，适合于换乘客流较小的城市轨道交通车站。

③综合布局模式。上述两种布局模式的复合形式，即综合布局模式。线网由

始发线路和途经线路共同组成，且集中布置一个换乘枢纽站和分散布置一些换乘停靠站。

（2）换乘组织：换乘是交通枢纽的核心问题。任何一座交通枢纽都不是独立存在的，它的存在依托于整个城市的交通网络系统，只有与城市的交通网络系统建立起紧密的联系，充分利用交通网络的优势去分散和疏导客流，才能保证交通枢纽自身的正常运转，因此，必须建立起一套便捷、有效的换乘体系，以便使交通枢纽内聚集的大量客流能够迅速地转移和疏导。在有多种交通工具、功能较为复杂的交通枢纽里单靠某一种换乘形式是无法解决问题的。这就需要根据具体情况灵活地使用多种换乘形式来达到方便乘客换乘的目的。

换乘距离并不是一个单纯的数字概念，确定一座交通枢纽内不同交通工具之间的换乘距离需要对交通枢纽的各构成要素进行综合分析。从乘客角度来讲，换乘距离越短越好。但是，换乘距离的确定首先要受交通工具运行需求的制约。其次，换乘距离过短，会造成客流在某一点上的瞬时大量堆积，反而会影响交通枢纽功能的正常发挥。适当地延长换乘距离实际上是增加了客流疏散的空间。人的个体差异性使集中的客流通过换乘距离的拉长形成较为分散的客流，从而在一定程度上避免了人流拥堵现象的发生。但是过长的换乘距离会增加乘客的疲劳感，降低换乘的便捷程度，直接影响到该种交通方式对乘客的吸引力。由此可以看出，换乘距离的确定需要在相互矛盾的两方面之间寻求一个平衡点。

换乘距离同换乘形式、建筑的空间形式、室内装饰等条件密切相关。不同的换乘形式、空间形式和室内装饰对乘客在换乘时产生的心理感受是不同的。单调、呆板的建筑空间容易使乘客产生疲劳感；而层次丰富，充满自然光线的空间则会削弱乘客的疲劳感。当客观条件决定换乘距离过长时可以通过建筑手段进行弥补。

（3）人流的引导方式：人流的引导是枢纽组织中一个非常重要的环节，合理、有效的人流引导可以合理分配人流，避免人流交叉干扰，提高枢纽空间使用效率。人流的引导方式有以下几种：

①标志引导：标志引导是最为直接、有效的人流引导方式，也是目前最常用、最主要的人流引导方式。交通枢纽内的标志一般包括识别标志、方向指示标志、信息标志、警示标志和广告等。这些标志同建筑紧密结合，不但强化了建筑空间的可识别性，还起到了点缀空间的作用，是交通枢纽建筑塑造空间的一个重

要手段。

②通过建筑空间的限定对人流进行引导：a.通过连接不同功能空间的通道引导人流。这是在许多交通建筑中常用的一种人流引导方式，它具有目的性强、人流交叉干扰小等优点。一些地铁车站、飞机场航站楼在进行人流组织时常采用通道来引导换乘客流。b.通过楼梯、自动扶梯、电梯等垂直交通空间对人流进行引导。通道往往是对人流进行水平方向的引导，而楼梯、电梯则是对人流进行垂直方向上的引导。这些垂直交通空间结合向导标志具有较强的指向性。c.通过共享空间来连接不同标高上的功能空间对客流进行引导。这是一些功能较为复杂的交通建筑常采用的人流引导方式。贯穿几层的共享空间可以使每一层的功能一目了然，空间具有较强的可识别性。

③通过标志物（如进出站闸机、检票亭等）限定空间对人流进行引导：将这些标志物的功能同空间限定、人流引导功能结合起来是一种非常有效率的人流引导方式。这也是一些地铁车站、机场航站楼较为常用的人流引导方式。

④其他方式：除了以上几种人流引导方式外，还可根据不同情况通过多种手段达到引导人流的目的，如色彩、特定的空间造型及具有标志性的装饰物、灯饰、广告等。

这些引导人流的形式最终的目的是使建筑空间的可识别性增强，使空间内的人流具有明确的方向性，以便高效率地使用建筑空间，促成建筑物交通功能的实现。

（4）地下空间的利用：现代化城市交通枢纽一般都采用立体布局形式，尤其是地铁方式的引入和中心区土地价值飞升，更加速了立体化进程。其中，地下空间开发利用是主要发展方向。一般来讲，由于地下空间建设工程难度很高，因此往往是在以工程原则为前提下进行方案设计，这样容易造成地下建设交通功能的欠缺。

（5）城市轨道交通枢纽的商业规划：由于市场运作的需求，城市轨道交通枢纽往往是集众多功能于一体的综合性建筑，甚至开发面积可能会远远多于其客运部分所需的面积。建筑的交通功能和开发功能相结合，不但能够满足市场运作需求，同时方便了乘客使用。

城市轨道交通枢纽可以同多种开发功能相结合，如大型的商业设施、办公楼、酒店、文化娱乐设施等。城市轨道交通枢纽众多的开发功能之中，商业设施

的设置对枢纽的交通功能影响是最大的。城市轨道交通枢纽的商业价值来自便利的交通和大量的客流，它的交通功能和商业价值是相互制约的，商业面积的扩大和商业客流的增多在一定程度上会对枢纽交通功能的正常发挥产生一定的阻碍作用。因此，城市轨道交通枢纽内的商业设施应该遵循其特定的设计原则。

第二章　城市轨道交通线网规划

第一节　城市轨道交通线网规划的内容

一、线网规划的目的和意义

交通、通信、电力、给排水等基础设施是城市和区域社会运行与居民生活的生命线。作为城市最主要的基础设施之一，城市交通是城市发展规划和城市增长的基本要素。由于地面道路资源的不足，城市发展到一定人口规模与经济水平后，通过建设快速、大容量的轨道交通系统来满足不断增长的出行需求，借以缓解道路交通拥挤与环境污染，已成为一种必然趋势。

在城市化进程中，城市轨道交通主要发挥以下作用：

（1）缓解中心区尤其是中心商业区的交通供需矛盾，改善有限土地资源下的交通供给。

（2）提高主要交通走廊上的出行速度和舒适度，强化主城区外围与中心区之间的联系。

（3）满足城市大型客流集散点（交通枢纽、商业服务中心、行政中心、规划大型居住区、规划工业区、娱乐中心等）之间的出行需求。

（4）加强对外交通与市区的联系，方便卫星城镇与市区的联系，增强城市的辐射能力。

（5）调整城市综合交通结构，通过高品质供给引导居民出行从高单耗的方式向低单耗的大容量出行方式转移。

（6）节约能源，避免大气污染，改善环境。

（7）通过改善主要走廊的出行条件，推动城市总体规划的实现，包括支持旧城改造和新区开发，创造城市发展的新增长点。

城市轨道交通系统工程项目一般都是庞大而复杂的系统工程，具有不可逆性，线路一经建成难以更改。因此，布局合理和规模适当的线网直接影响着城市交通结构的合理性、工程项目的经济效益及社会效益。此外，用地控制、规划导向均与线网直接相关，作为前期基础研究之一的线网规划一旦发生失误，后期很难挽回。

总的来看，城市轨道交通线网规划是城市综合交通规划的一项专业规划，其性质与作用可以概括为以下几方面：

（1）线网规划是城市总体规划的重要组成部分，是轨道交通工程项目建设报审、立项的必要条件，是线路设计的主要依据。

（2）线网规划是确定轨道交通建设规模、修建顺序以及编制轨道交通近期建设规划的依据。

（3）线网规划是确定线网结构、换乘车站和换乘形式的基本根据。

（4）线网规划是轨道交通工程建设用地规划控制的重要依据，有利控制和降低工程造价。

（5）线网规划是城市轨道交通系统分阶段建设的基础，利于使轨道交通建设与运营进入良性循环，保持可持续发展的势态。

（6）线网规划方案影响到城市结构和城市形态与功能，对城市土地的发展有强大的刺激作用，其内容将支持城市总体规划的实施和发展。

我国城市轨道交通工程的建设过程大体划分为立项、可行性研究、设计、工程实施、运营接管、正式验收六个阶段。例如，在第一阶段，即立项阶段，需要提出的项目建议书应包括以下主要内容：

（1）城市轨道交通线网总体规划。

（2）项目建设的必要性和可行性。

（3）项目建设的工程概况。

（4）客流预测。

（5）工程投资概算和经济评价。

（6）项目的资金筹措。

可以看出，城市轨道交通线网规划的好坏直接影响城市交通结构的合理性、工程项目的经济效益及社会效益。合理可行的线网规划不仅能为政府部门提供可靠的决策依据，而且还能促进城市有效利用地上地下空间，引导城市可持续发展。

二、线网规划的主要内容

城市轨道交通的兴起是城市化加剧、城市迅速膨胀的客观必然。作为大城市重要的客运交通方式，它是城市中建设周期最长、投资最大的交通基础设施，城市轨道交通线网系统直接影响到城市发展的总体布局形态，改变城市社会经济和人们的生活方式。

线网规划涉及专业面广、综合性强、技术含量高，从规划实践来看，其主要内容包括城市背景的研究、线网构架的研究和实施规划的研究。在规划观念上突出宏观性和专业性的有机结合，在规划工作安排上是研究过程和研究结果并重。

（一）前提与基础研究

其主要是对城市的人文背景和自然背景进行研究，从中总结指导城市轨道交通线网规划的技术政策和规划原则。其主要研究依据是城市总体规划和综合交通规划等。其具体的研究内容包括城市现状与发展规划、城市交通现状和规划、城市工程地质分析、既有铁路利用分析和建设必要性论证等。

（二）远景线网规模及其架构

远景线网规模及其架构是线网规划的核心，它要回答城市到底需要一个什么样的网络的问题。通过多规模控制—方案构思—评价—优化的研究过程，规划较优的方案。

这部分工作的重点内容包括线网合理规模、线网架构方案的构思、线网方案客流测试、线网方案分析与综合评价。

（三）分阶段实施规划

规划方案不是一蹴而就，而是逐步实施的。分阶段实施规划是城市轨道交通规划可操作性的关键，集中体现了城市轨道交通的专业性。

分阶段实施规划的主要研究内容包括工程条件、建设顺序、附属设施规

划。具体内容包括车辆段及其他基地的选址与规模研究、线路敷设方式及主要换乘节点方案研究、修建顺序规划研究、城市轨道交通线网的运营规划、联络线分布研究、城市轨道交通线网与城市的协调发展及环境要求、城市轨道交通和地面交通的衔接等。

三、轨道交通线网规划与城市规划的关系

城市规划是对一定时期内城市的经济和社会发展、土地利用、空间布局以及各项建设的综合部署、具体安排和实施管理。城市规划通常包括总体规划和详细规划两个阶段。

城市总体规划属于城市规划的宏观战略部分，是确定一个城市的性质、规模、发展方向以及制订城市中各类建设的总体布局的全面环境安排的城市规划。总体规划还包括选定规划定额指标，制订该市远、近期目标及其实施步骤和措施等工作。城市总体规划的主要任务：综合研究和确定城市性质、规模和空间发展形态，统筹安排城市各项建设用地、合理配置各项基础设施，处理好远期发展与近期建设的关系，指导城市合理发展。

在城市总体规划中，城市轨道交通规划是作为城市交通规划的一部分出现的。城市轨道交通规划的内容，以原则要求和战略规划为主，通过对轨道交通网络的布局、站点与重要设施的选址、轨道交通政策的制定等，将城市总体规划的目标原则在城市轨道交通建设中体现出来，并通过轨道交通的规划促进总体规划的部署落实。

城市详细规划是指为实施城市总体规划而提出具体规划要求的地区性规划，包括控制性详细规划和修建性详细规划。

控制性详细规划是指市和区、县人民政府根据城市各层次总体规划和地区经济、社会发展以及环境建设的目标，对土地使用性质和土地使用强度、空间环境、市政基础设施、公共服务设施以及历史文化遗产保护等做出具体控制性规定的规划。

修建性详细规划是指市和区县人民政府根据控制性详细规划，对实施开发地区的各类用地、建筑空间、绿化配置、交通组织、市政基础设施、公共服务设施以及建筑保护等做出具体安排的规划。

在城市详细规划中，控制性详细规划主要是对于城市轨道交通站点地区和地

面轨道沿线进行规划控制；修建性详细规划则主要是对城市轨道交通站点与周边地区的规划设计。控制性详细规划用于轨道交通沿线的强度控制，有助于从客观上反映出轨道交通的社会效益。外部收益内部化，将是城市轨道交通未来发展的重要方向。在这一过程中，控制性详细规划具有重要的数据参考价值。

第二节　城市轨道交通线网规划的方法体系

城市轨道交通线网，作为实现系统功能的载体，具有百年大计的历史效应。从世界范围来看，城市轨道交通线网是逐步建设、循序渐进成网的，单条线路无法形成系统规模效益。线网规划在满足城市客流分布的内在规律的同时，也要认识其对城市发展的导向作用，因为交通运输方式，线路与城市用地布局是呈相互反馈作用的，但同时要避免过度地强调城市轨道交通对城市发展的引导作用。

轨道交通线网规划要在给定的规划期限内对整个轨道交通线网的大致走向、总体结构、用地控制、车辆段及换乘站的配置做出规划。总体上看，轨道交通线网规划的过程实际上是对初级路网不断优化完善的动态滚动过程。

线网规划是城市总体规划中的专项规划。在城市规划流程中，其位于综合交通规划之后、专项详细控制性规划之前。线网规划是长远的、指导性的专项宏观规划。它强调稳定性、灵活性、连续性的统一。稳定性就是规划核心在空间上（城市中心区）和时间上（近期）要稳定；灵活性指规划延伸条件在空间上（城市外围区）和时间上（远期）要有灵活变化的余地；连续性是指线网规划要在城市条件不断变化的情况下，不断调整完善。

城市轨道交通线网规划具有如下特点：

（1）线网规划是综合的专业交通规划之一，同时又是全市综合交通规划的延续和补充。由于城市轨道交通的特点，规划和建设均对全市规划格局产生相当程度的影响，因此线网规划既有相对的独立性，又要与城市的总体规划有机地融为一体。

（2）线网规划的研究工作涉及城市规划、交通工程、建筑工程及社会经济等多项专业。各专业既相互联系紧密又彼此独立，因此整体研究方法是一个包含多项子方法的集合体系。

（3）线网规划作为一项复杂的系统工程，除本身各子系统具有复杂的关系外，各种外界的影响因素和边界条件对线网规划又产生了不同程度的影响。因此，不能把线网规划作为一个孤立的系统来进行规划，既要重视其自身的建设运行机制，又要注重与外部环境及各影响因素的协调关系。

线网规划是涉及多专业、多系统的集成化过程，要依靠某一项理论来指导整个研究过程是不现实的。线网规划是一项探索性很强的工作，其关键在于探索一条技术路线，将各子系统的研究有机地结为一个整体。

一、规划范围与年限

线网规划的研究范围一般需要根据规划目的来确定，一般的远景规划应涵盖整个城市地区，线网建设规划则侧重城市建成区。在研究范围内，还应进一步明确重点研究范围，即城市轨道交通线路最为集中、规划难点也最为集中的区域，一般指城市中心区域。

从规划年限来看，线网规划可划分为近期规划和远景规划。近期规划主要研究线网重点部分的修建顺序以及对城市发展的影响，其年限应与城市总体规划的规划年限一致。远景规划是指城市理想状态（或者饱和状态）下轨道交通系统的最终规划，可以没有具体年限。一般地，可以按城市总体远景发展规划和城区用地控制范围及其推算的人口规模和就业分布为基础，作为线网远景规模的控制条件。

城市轨道交通线网规划编制的具体期限一般涉及三个时间节点：

（1）初期。应以城市总体规划为指导，明确线网规划的依据，以满足城市发展需求为出发点，推动城市发展目标形态的形成。按线路来说，初期一般指开通后第三年。

（2）近期。要支持城市总体规划实施，包括支持城市（中心区）人口转移和（外围区）土地开发要求，实现与总体规划的互动发展。以线路为例，近期一般指开通后第十年。

（3）远期。应体现出引导城市总体规划发展的思想，即远期规划应具有超前性，有利于将城市发展导向合理布局。一般地，城市轨道交通线路的远期规划年限为开通后25年，大于城市远期规划年限。

二、线网规划编制原则与方法

线网规划是一项专业规划，其编制应以城市总体规划为依据，充分考虑城市内诸多因素的约束与支持。规划编制的原则可以概括为以下几个方面：

（1）以所在城市总体规划为指导。

（2）体现城市社会经济发展目标和战略要求。

（3）符合城市综合交通规划的发展目标和总体思想。

（4）以城市社会、经济与地理特征为基础。

轨道交通线网布局和建设时序的确定，应与城市规划相协调，适应城市总体规划；当城市总体规划发生变化时，还需要及时做出调整，即回归城市总体规划。

从方法上看，城市轨道交通规划一方面应注意定性与定量相结合，远期规划甚至要以定性为主，注意把握对定性战略的量化论证。另一方面，要近期与远期相结合，密切注意初、近期方案的编制与论证工作，选好近期建设规模。同时，要宏观与微观相结合，既要发挥宏观战略的指导作用，也要充分利用微观层面的支撑作用，支持总体规划的互动。

城市轨道交通线网规划工作一般可分三个阶段：

第一阶段是形成初始报告，这一阶段重点要解决"做什么？怎么做？"的方法和目标问题。具体来说，就是要确定线网规划范围，落实总体规划和基本参数，拟定原则、方法、政策和技术路线，提出规模和层次的基本目标。

第二阶段是中期论证阶段，主要任务是解决基本线网的总体布局问题，包括线网的规模与形态，初、近期线网的规模控制等。重点研究线网的覆盖范围、总体结构形态、分布密度、总体规模、换乘节点、车辆基地选址及其联络线分布等。通过采用定性、定量分析，经客流预测和多方案评比，确定远景线网规划总图。

第三阶段是形成最终规划报告，主要包括论证线网规划的分阶段实施方案，论证近期启动项目，落实规划用地。重点研究线网的近期项目选择、建设规模，建设时序、运行组织、工程实施、换乘接驳以及建设用地控制；明确各不同

时期轨道交通在城市发展及整个综合交通系统中的功能定位，支持远景线网规划的可实施性。

第三节　城市轨道交通远景线网合理规模

一、远景线网合理规模概念

如何确定合理的城市轨道交通线网规模是城市规划部门、政府部门及城市轨道交通运营公司共同关心的问题，合理的城市轨道交通规模不仅是线网规划的宏观控制依据，也是一项资金筹措依据，对决策具有重要的参考作用。

由于各种不确定因素的影响，在实际工作中，由于不同城市具体情况差异性大，合理规模的确定往往过多地依靠专家经验，带有较强的主观随意性，从而影响后续工作（确定线路布局、网络结构及优化、估算总投资量、总设备需求量、总经营成本、总体效益等）的开展。因此，研究采用科学的线网规模确定方法，提高城市轨道交通规划的稳定性，对轨道交通线网规划的编制具有重要理论与实践价值。

规模是从交通系统供给的角度来说的，从一个侧面体现系统所能提供的服务水平。它主要以线网密度和系统能力输出来反映，其中系统能力输出又与系统的运营管理密切相关。

城市轨道交通从系统能力和线网密度来看有四种性质的规模度量。规模的合理性关系到建设投资、客流强度，也关系到理想的服务水平的设定、建设用地的长远控制。

二、线网规模的影响因素

合理规模的影响因素有城市的规模、城市交通需求、城市财力因素、居民出行特征、城市未来交通发展战略与政策和国家政策等。其中，城市发展的规模又包含城市人口规模、城市土地利用规模、城市经济规模、城市基础设施规模四个方面。

（一）城市交通需求规模

城市交通需求是居民对交通基础设施的需要程度。交通需求的大小，尤其是城市居民公共交通需求的大小，是决定城市轨道交通线网规模最直接和最具决定意义的因素。表征城市交通需求的指标有城市居民的出行强度和城市公共交通总出行量等。

（二）城市发展形态和土地使用格局

城市发展形态包括城市人口规模、城市用地规模、城市经济规模、城市基础设施规模四个方面。人口规模决定了城市交通出行的总量，城市用地规模（面积）影响了居民出行时间和距离，即城市规模决定了城市的交通需求，从而影响到城市轨道交通的规模。

一般来说，城市社会经济发展水平是实现城市轨道交通建设的经济基础，仅以城市人口和面积规模为拟合因子建立回归模型可能缺乏说服力。城市轨道交通建设资金需求量很大，因此，城市轨道交通单公里造价和城市市政府的财政承受能力是制约城市轨道交通规模的关键要素，对城市轨道交通系统的选择、建设速度等目标有重大影响。建设轨道交通系统一定要和城市自身的经济实力相符合，不能盲目参照其他城市的经验与规模水平。

城市形态和土地布局也是影响到快速城市轨道交通规模的因素。城市的形态有多种形式，分为带状、中心组团式、分散组团式等。不同的城市形态和用地布局决定了居民出行的空间分布，也就决定了城市轨道交通的几何空间形态、长度以及规模。带状城市的城市主客流方向比较单一，主要沿着狭长带的方向，城市轨道交通也主要沿着城市狭长带的方向布设；分散组团式城市要求城市轨道交通将其各个组团紧密连接，以缩短组团之间的出行时间，使其成为一个整体。中心组团式城市轨道交通多为放射状，如莫斯科就是典型的中心组团式城市，其城市轨道交通形式为环形加放射状。

（三）国家与地方政府的发展扶持政策

我国人多地少，能源短缺，大规模的基础设施建设项目都是由国家和当地政

府共同出资兴建的，因此国家的政策导向对城市轨道交通规模有直接影响。西方国家以小汽车为主的发展模式不适合我国国情。限制私人小汽车的使用，大力发展公共交通是我国的基本政策。

一方面，线网规模受城市规模形态及布局、城市人口、城市面积、城市交通需求、城市国民生产总值、城市基础设施投资比例的直接影响；另一方面，这些影响因素之间又可能相互影响制约。如城市人口、面积、城市规模形态及布局对交通需求有决定性作用；国家交通政策、城市交通发展战略及政策、城市国民生产总值又对城市基础设施投资比例造成影响；各城市交通发展战略及政策又受国家交通政策大环境的影响。这种相互影响和复杂的关联关系构成了一个大系统。

三、线网合理规模的计算方法

线网合理规模的主要标志是线网长度或线网密度，这两方面的指标可以通过对系统能力的要求来推算。

（一）系统能力规模指标的确定

国外对系统能力的研究多从估计城市轨道交通企业的成本函数出发，分析城市轨道交通系统的规模经济性，作为制订票价的参考依据，进而对新服务项目的增设或已有服务项目的终止做出判断，最终确定系统的合理能力。

具体方法是：从生产函数对应的成本函数出发，研究系统输出（客运量或客运周转量）与系统（线路轨道长度、牵引电力电耗、劳力、轨道和车站设备维修和投资等）输入因子之间的关系，通过对各类系统分类进行回归拟合，评价各系统的规模经济性，以路网规模经济考察路网的经济效益是否随着路网内线路里程的增加而增加，以线路密度经济来分析某一线路的效益是否随着线路上运输密度的提高而递增。

上述方法的关键是成本函数的估计，因为适用的成本函数模型可以反映运输生产的各种经济特性，在了解系统的成本结构后，才可进一步确定最优车队规模、定价、平均和边际成本。一般多用柯布－道格拉斯函数或转换对数函数形式进行估计。

这些研究成果对我国的城市轨道交通企业有一定的启发性意义，但由于国内外经济体制、管理模式等的不同，应具体问题具体分析。

（二）线网长度、线网密度规模指标的确定主要有四类方法

1.服务水平法

该法先将规划区分为几大类，如分为中心区、中心外围区及边缘区，然后或类比其他城市轨道交通系统发展比较成熟的城市的线网密度，或通过线网形状、吸引范围和线路间距确定线网密度来确定城市的线网规模。"高密度低运量"与"低密度大运量"两种选择决定了我们对服务水平的取舍，从现实的经济实力，倾向于投资较少的方案，而从线网建设的长期性，又必须考虑乘客要求不断提高服务水平的矛盾。

2.交通需求分析法

规模体现为实现的交通供给。从供给满足需求的角度自然产生了出行需求法。因此，客运需求预测不仅成为布置站场及布设路线的依据，也成为确定城市轨道交通发展规模的重要依据。

按分析角度的不同，出行需求分析法又可分为两种。一种是先预测规划年限的全方式出行总量，然后根据拟订的线路客运密度确定所需的城市轨道交通线网规模。这种方法是按城市轨道交通承担出行的比例来确定的，故通常又称之为分担率法。另一种是先预测规划年限的全方式出行总量，然后对各道路路段的交通量进行分析，在这些路段上规划线网，以此推算所需的客运线网规模。这种方法以道路的输送能力为控制线网规模的关键，故又称为容量控制法。

（1）交通方式结构分析。交通方式结构的影响因素主要是居民出行的特征、未来交通发展战略以及可能提供的交通方式。目前特大城市的交通发展战略基本都是逐步建立以公交为主体，城市轨道交通为骨干，各种交通方式相结合的多层次、多功能、多类型的城市综合交通运输体系。

一是公交方式出行占全方式出行的比例。由于公共交通客运效率比私人交通高得多，公共交通在城市综合交通运输中占有明显的优势。像纽约公共交通年客运量占全市总客运量的86.0%，东京公共交通年客运量占城市总客运量的70.6%，莫斯科公共交通年客运量占城市总客运量的91.6%。

城市远景公交方式出行比例应根据城市未来出行的需求与供给平衡关系，通过适合城市特点的数学模型来测算。合理规模研究的目的是匡算城市轨道交通的合理规模，事先给出一个公交的供给能力，科学预测就失去了基础。比较可行的

办法是从分析城市居民出行特征入手，类比其他城市的情况，考虑到城市未来交通发展政策，以定性分析的手段进行估计。

与国外城市相比，我国大城市道路面积率低、人口密度大，优化交通结构是根本出路。目前我国多数城市交通结构不尽合理，最主要的反映就是公交比例过低。公交优先就是大力发展以城市轨道交通为骨干，常规公交为主体的公共交通系统，大城市公共交通的合理出行比例应在50%以上。

二是城市轨道交通方式占城市公交方式出行量的比例。城市轨道交通占城市公交客运量的比重，与城市道路网状况、常规公交网密度、常规公交服务水平、城市轨道交通线网密度、运送速度及车站分布有关。纽约的城市轨道交通所承担的客运量占城市公交客运总量的54.9%，墨西哥城的城市轨道交通所承担的客运量占城市公交客运总量的42.9%。

巴黎的城市轨道交通线网密度大，服务水平非常高，吸引了大量的客流，其中也包括许多短途的乘客，平均运距只有5.3km。线路平均负荷强度较低，约为1.64万人次/（km·d）。巴黎的城市轨道交通所承担的客运量占城市公交客运总量的65%。

莫斯科城市轨道交通的运量基本上已经饱和，随着近几年其他地面交通客运方式的积极发展，城市轨道交通所承担的客运量占城市公交总客运量的比例呈下降趋势，说明莫斯科的线网能力已不能满足城市日益增长的客运需求。

经验表明，国际化大城市远景年轨道交通承担的客运量占全市公交总运量的比例应在50% ~ 55%之间。初、近期因线网处于建设中，其所占公交客运量的比例目标可根据实际情况来设定。

（2）线网负荷强度。从统计资料上看，国外城市轨道交通建设有两种模式：一种是采用高运量、低密度的线网，负荷强度高；另一种是采用低运量、高密度的线网，负荷强度低。像巴黎和伦敦这样的发达国家着重于提高城市轨道交通的舒适和方便程度，以吸引私人交通，减少私人交通工具泛滥带来的城市交通阻塞。后者城市轨道交通的服务水平很高，效率较低。莫斯科、墨西哥、香港采用的是高运量、低密度的线网，它注重的是提高城市轨道交通的运输能力和运输效率。经验表明，要取得较好的经济效益，应该建设高运量的线网，提高负荷强度。

我国各大城市刚刚开始建设城市轨道交通，城市轨道交通的建设投资还很有限，在这种情况下，要求用最少的投资来最有效地解决城市交通的问题，同时要求城市轨道交通能取得较好的经济效益，使得运营和建设能达到一个良性的循环。因此，城市轨道交通建设初期适宜选择高运量、低密度的模式。

一个城市的线网负荷强度往往不会有很大变化，这个规律在采用低密度、高负荷强度的城市反映尤其明显。

3.吸引范围几何分析法

吸引范围几何分析法是根据城市轨道交通线路或车站的合理吸引范围，在不考虑城市轨道交通运量并保证合理吸引范围覆盖整个城市用地的前提下，利用几何方法来确定城市轨道交通线网规模的方法。

具体做法是：在分析选择合适的轨道线网结构形态和线间距的基础上，将城市规划区简化为较为规则的图形或者规则图形组合，然后通过合理吸引范围来确定线间距，最后在图形上按线间距布线再计算线网规模。

4.回归分析法

这种方法先找出影响城市轨道交通网络规模的主要因素（如人口、面积、国内生产总值、私人交通工具拥有率等），然后利用其他轨道交通发展成熟的城市的有关资料，对线网规模及各主要影响因素进行数据拟合，找出线网规模与各主要相关因素的函数关系式，然后根据各相关因素在规划年限的预测值，利用此函数关系式确定本城市到规划年限所需的线网规模。

（三）线网长度、线网密度规模指标计算方法的特点

服务水平法的优点是借鉴了其他城市的经验，计算简单。不过，由于影响一个城市的城市轨道交通线网规模的因素很多，要借鉴其他城市的网络密度来进行类比，两个城市中影响网络规模的许多因素至少要基本相同才具有可比性。在现实中，很难找到两个在多方面都相近的城市。因此，该方法可能存在类比依据不足、令人难以信服的缺陷。不过，这种方法的结果可以作为一种参考。

交通需求分析法从交通需求满足供给的角度出发匡算线网规模，易于理解，但是计算数据中涉及一些主观推算和假设。

吸引范围几何分析法的特点是根据城市用地规模和城市轨道交通服务水平来确定城市轨道交通线网规模，因此能够保证一定的服务水平；同时，由于城市规模比交通流量容易控制，规划线网规模受不确定因素干扰少，可以用来确定规模

范围。其缺陷是没有考虑城市轨道交通运量的限制，而且假定将合理吸引范围覆盖整个城市用地也会导致规划线网规模偏大。

回归分析法有较强的理论根据，所得结果容易被大家所接受。不过，在具体应用中存在着难以寻找合适的拟合样本等问题。

总之，以上四种方法各有特点和局限性，它们是对同一事物不同侧面的反映，在实际工作中可共同使用，相互印证，重点是在把握所规划城市或地区的特点和发展趋势的基础上来对线网规模进行匡算。对各模型的差异性结果应经多方面定性分析及综合协调后加以判定。

第四节　线网架构类型及规划方案形成

一、线网架构的基本类型

轨道交通网络的形式主要决定于城市地理形态（河流、山川等）、规划年城市用地布局和人口流向分布，主观决策因素也发挥着重要作用。由于土地利用的控制与其他因素的影响，网络结构在发展演变过程中，可以体现出城市交通发展的历史特征。典型的结构形态是网格式、无环放射式及有环放射式三种。

（一）放射型线网

该类型的线网是以城市中心区为核心，呈全方位或扇形放射发展，其基本骨架包括至少3条相互交叉的线路，逐步扩展、加密。这类线网中，需要注意的是，要避免市中心区的线路过多，否则不仅会造成工程处理困难，且易产生换乘客流过于集中的现象。例如莫斯科地铁在中心区较为集中，在线网扩充规划中，需要考虑在城市外围增加弦线和大环形线，以缓解其矛盾。

放射线在中心区衔接的另一种方式是两条线在交通走廊并行产生两处以上换乘点进行换乘，以增加出行者换乘机会，分担换乘客流。巴黎、新加坡和香港城市轨道交通均有类似的经验。这种换乘方式从出行效果上看比单点换乘效果好，缺点是工程造价高。

对于全方位的放射型线网而言，穿越市区的直径线可以更好地解决城市外围区间交流问题，终止于中心区的半径线在市中心区可能产生大量换乘。一般在工程特别困难或者对向客流较小时，才设置半径线。中心区邻海（江）的城市，城市轨道交通线网中呈扇形辐射，可以采用半径线，必要时为加强某一方向的辐射也可以设置"U"形线路。

放射型线网的突出优点：

（1）方向可达性较高；

（2）符合一般城市由中心区向边缘区土地利用强度递减的特点。

（二）设置环线的线网

城市轨道交通环线主要有两个作用：一为加强中心区边缘各客流集散点的联系；二为通过换乘分流外围区之间的客流，可以减轻这些客流进入中心区所带来的压力。伦敦城市轨道交通线网是世界著名的环线加放射线的构架形式。

在首尔城市轨道交通线网中设置的环线，偏于中心区一侧，环线的形状依据城市形态和布局呈椭圆形，线路较长，其目的是沟通汉江两侧的各主要客流集散点，加强市区的交通周转能力。台北线网中的半环线，位于中心区外围，采用中运量捷运系统（即轻轨），呈"U"形向东部开口，联系主要向西、向北、向南辐射的放射线。

不过，与道路环线不同，换乘会增加出行时间，对外围区之间的客流能否起到屏蔽作用还需要仔细研究。大量实例说明，城市轨道交通网络中的环线与城市道路网中的环线，其作用有明显的差异。

在城市道路网络中，环线可以很好地分流过境交通，屏蔽中心区道路交通。因为环线尽管会造成车辆一定程度的绕行，但高速度抵消了距离的不足，因此环线对过境或跨区交通出行有较大的吸引作用。

城市轨道交通受技术条件的限制，线路间的交通转换要通过出行者自己换乘的办法实现，而换乘的时间损耗是明显的。因此，城市轨道交通环线的作用受到一定限制，除非穿越的中心城区十分拥挤，否则其交通屏蔽作用不如道路环线明显。

一般说来，环线客流取决于两个主要方面：一是沿线人口和就业数量，也就

是环线自身串联的客流集散点的规模，比如著名的伦敦环线地铁，全线串联了13座铁路车站，每座车站又基本上是伦敦市区向伦敦大区辐射的放射型铁路的起点站，它具备较大的客流；二是环线的分流功能，即出行者对换乘不便与避免拥挤之间的选择与平衡。

（三）棋盘式线网

棋盘式线网是指主要由两组互相垂直的线路构成的网络，其特点是平行线路多、相互交叉次数少。采用这种线网形式的城市有北京和墨西哥城。

墨西哥城的城市轨道交通线网，由4条南北向线路、4条东西向线路和1条斜向线路组成，其间有2条线路为了增加与平行线路之间的交叉机会而呈"L"形。

棋盘式线网适合于市区呈片状发展、街道呈棋盘式布局的城市。其优点如下：

（1）线网布线均匀，换乘节点能分散布置。

（2）线路顺直，工程易于实施。

该类型线网的不足：一是线路走向比较单一，对角线方向的出行需要绕行，市中心区与郊区之间的出行常需换乘；二是线网平行线路间的相互联系较差，平行线路间的换乘比较麻烦，一般要换乘两次以上。当路网密度较小，平行线之间间距较大时，平行线间的换乘是很费时的。其客流换乘需要通过第三线来完成。据苏联有关研究，棋盘式线网的运输效率较放射线加环线线网低18%。

二、线网架构分析的原则

在城市轨道交通线网的合理规模确定后，需要确定线网架构方案。合理的线网构思是城市轨道交通线网持续发展的前提，线网方案的形成是综合客流分析、与城市布局协调、预见城市发展等因素的产物。

线网架构方案的形成需要经过反复论证和比选。首先是确定初始线网集，即在城市总体规划和综合交通规划的指导下，针对规划目标，考虑若干因素后提出可能的线路方案。其次，以此为基础，对各线路方案进行分析和评价，论证线路的具体走向方案。最后，分析由各线路组合的网络方案，分析其客流效果与相关指标，最后得到推荐方案。

初始线网集主要应考虑如下要素：主要交通走廊、主要客流集散点和线网功能等级。

（一）主要交通走廊

主要交通走廊反映城市的主客流方向，其识别有以下几种方法。

方法一：经验判断法——根据城市人口与岗位分布情况，设定影响范围，通过对线网覆盖率的判断来确定线路的走向。此法较为简单，只需将人口与岗位分摊到交通小区中并打印出相应的人口与岗位分布图，在此图上根据经验判断画出线路走向。这种方法目前使用较多，但仅考虑了人口密度的分布情况，忽视了人员出行行为的不同。因此在线网布设时可能与实际客流方向不完全吻合。

方法二：出行期望经路图法——规划年出行预测得到远期全人口、全方式OD矩阵；将远期OD矩阵按距离最短路分配到远期道路网上得到出行期望经路图；按出行期望经路图上的交通流量选线，产生初始线网。

方法三：两步聚类识别法——先通过动态聚类，将所有的交通流量分类成20~30个聚类中心，而后通过模糊聚类法，以不同的截阵选择合适的分类，并进行聚类计算，最后可获得交通的主流向及流量并结合走廊布局原则及方法确定主要交通走廊。

方法四：期望线网法——这是由法国SYSTRA公司与上海规划设计院合作进行上海城市轨道交通规划时采纳的方法。此法借助于上海交通所开发的交通预测模型，也可称为蜘蛛网分配技术。这里的期望线有别于城市交通规划中通常使用的期望线，更多地考虑了小区之间的路径选择，期望线网可以清晰地表达交通分区较细情况下理想的交通分布状况。它是连接各交通小区的虚拟空间网络，在该网络上才采用全有全无分配法将公交OD矩阵进行分配，从而识别客流主流向确定交通走廊。

（二）主要客流集散点

主要客流集散点是在确定城市轨道交通线路骨架以后确定城市轨道交通线路具体走向的主要依据。客流集散点按照性质分为交通枢纽、商业服务行政中心、文教设施、体育设施、旅游景点和中小型工业区等。

对轨道交通客流集散点的定量分析可以从对全方式OD矩阵角度来分析，定

性分析则主要是依照城市总体规划来分析主要客流集散点的分布特征，对定量分析结果进行补充。

（三）线网功能等级

不同运量等级的客运走廊需要确定中运量或是大运量的城市轨道交通系统，而且城市轨道交通在城市不同地区对城市发展与支持社会经济活动中发挥的功能也不同，轨道网络功能层次划分正是根据这一特点确定轨道线路的服务水平与等级。轨道线路功能层次可划分为市域快线、市区干线和市区辅助线。

（1）市域快线：在市区与卫星城镇之间，为长距离出行提供快速的交通联系。

（2）市区干线：在市区内部为中距离出行提供快速便捷的交通联系。

（3）市区辅助线：市区干线的补充线，以保证整个城市轨道交通网络系统整体功能发挥。

三、线网构架方案的形成

线网构架受众多因素的影响，如何对它们进行归纳，并沿一定的思路将分析过程系统化，是保证线网构架科学合理的关键。关于线网构架方法，业内人士曾进行过大量探索工作，在规划实践中，由于构架研究是一项综合性很强的工作，许多影响因素很难量化。因此，构架研究坚持定性分析与定量分析相结合、以定性分析为主的研究方法。所谓定性分析，主要是指对城市背景的深入分析、对方案工程问题的比较论证、对远景各种边界条件的合理判断等。所谓定量分析，主要是指利用先进的预测模型，对远景交通需求分布进行预测。因此，这种规划方法也被形象地称为"规划师和模型师的有效结合"。这里的理论基础主要采自城市规划学和交通工程学中的相关理论。它既可避免主观臆断，又可避免过于依赖模型而失去对模糊边界条件的合理把握，比较符合我国的实际情况。

基本思路：初始方案集生成—客流测试—方案评价—推荐线网方案的形成。

目前国内形成了两种较典型的线网架构的方法：一种是由北京城建设计研究院提出的"面、点、线要素层次分析法"；另一种是以中国城市规划设计院提出的"以规划目标、原则、功能层次划分为前导，以枢纽为纲、线路为目进行编织"的方法。

（一）面、点、线要素层次分析法

大城市轨道交通线网往往是一项覆盖数百平方公里的庞大而复杂的系统工程，所以线网构架方案研究必须分类、分层进行分析。"面""点""线"既是3个不同的类别，又是3个不同层次的研究要素：

（1）"面"的分析即整体形态控制，拟定城市轨道交通线网基本构架。

（2）"点"的分析即线网服务对象的甄选，城市大型客流集散点分析。

（3）"线"的分析即交通走廊分析，线网内各线路可能的路径分析。

其具体研究过程大致可分为以下几个阶段：

（1）第一阶段：方案构思。根据线网规划范围与要求，分析城市结构形态与客流特征，进行"点""线""面"层次分析，通过现场勘探，广泛搜集资料，从宏观入手对线网方案进行初始研究，构思线网方案。这些方案除有各自的特点外，还有许多共性，成为线网构架方案研究的重要基础。

（2）第二阶段：归纳提炼。对初始构思方案进行分类归纳后，又经内部筛选提炼，推出其中的部分方案，向各有关单位征求意见，并要求提出补充方案。经过以上"筛选—方案补充—再筛选"的提炼过程，形成基础方案。这次筛选中，保留各种有较强个性的方案，合并共性方案，尽量全面听取各种思路和观点，形成代表不同政策倾向、不同线网构架特征和规模的方案。

（3）第三阶段：方案预选。以基础方案为基础，以线网规划的技术政策和规划原则为指导，根据合理规模和基本构思要求，又进一步选择出几个典型的、不同线路走向和不同构架类型的方案，成为初步预选方案。

（4）第四阶段：预选方案分析与交通测试。前几阶段的方案深化主要以定性分析为主，从这一阶段开始，需要通过定量分析对方案做进一步的论证，用交通模型进行测试，进入定性与定量分析相结合的系统分析阶段。

（5）第五阶段：调整补充预选方案，并选出候选方案。通过分析和测试，预选方案均各自存在优点和不足之处，需要对其进行优化完善。在此基础之上可以对方案进行补充。由于补充方案只是通过定性分析进行的优化，其线网整体性能是否真正得到优化还是未知的。因此接下来对补充方案进行同等条件下的交通测试，进一步以定量分析论证，确认补充方案是优化方案，并推荐为候选方案。

（6）第六阶段：推荐最终方案。在以上定性与定量分析基础上，又采用线

网方案评价系统，对预选方案分组评价、排序，推选出优化方案。

可以看出，上述城市轨道交通网络设计的基本思路：

（1）在城市规划方案基础上拟定多个可行路网方案。

（2）基于四阶段法进行客流预测。

（3）对方案进行综合评价，确定近期与远期分阶段实施方案。

（二）以规划目标、原则、功能层次划分为前导，以枢纽为纲，线路为目进行编织

该方法也是采用定性分析与定量分析相结合的方式，由中国城市规划设计院在"北京市城市轨道交通线网优化调整"中加以应用，注重城市轨道交通对城市发展和土地开发的作用，以交通枢纽为节点，以现有和潜在的客运走廊为骨干，综合考虑城市轨道交通线网的功能层次划分，最终建立以枢纽为核心，功能层次分明的城市轨道交通网络。

这种方法突出了枢纽类客运集散点的地位和作用，采用以枢纽为核心的"两两换乘"的设计方法实现线路之间的一次换乘，提高城市轨道交通线网的整体运输效益，通过在线网规划中，采取换乘枢纽整体布局来实现城市轨道交通线网与城市和其他交通系统的有效衔接，并将线网构建层次划分为外围层次和市区层次，由市域快线、市区干线、市区辅助线共同构筑网络状的城市快速城市轨道交通系统结构。具体研究过程中所划分的阶段与"面、点、线要素层次分析法"的一致，所不同的是方案构思的依据侧重点不同。

四、线路走向选择原则

在线路经过地带，应划定轨道交通走廊的控制保护地界，并应符合下列规定：

（1）在城市轨道交通建设走廊应以城市轨道交通线网规划为依据，对建成线路和规划线路应确定控制保护地界，并应纳入城市用地控制保护规划范畴。

（2）轨道交通控制保护地界应根据工程地质条件、施工工法和当地实践经验，确定规划控制保护地界。

（3）在规划控制保护地界内，应限制新建各种大型建筑、地下构筑物，或穿越轨道交通建筑结构下方。必要时控制必要的预留和保护措施，确保轨道交通

结构稳定和运营安全，经工程实施方案研究论证，征得轨道交通主管部门同意后，可依法办理有关许可手续。

（4）在城市建成区，当新建轨道交通处于道路狭窄地区时，在规划控制保护地界内，其工程结构施工应注意对相邻建筑的安全影响，并应采取必要的拆迁或安全保护措施。

（5）在规划线路地段，应以城市道路规划红线中线为基线，控制保护地界为两侧各60m。当规划有两条轨道交通线路平行通过，或线路偏离道路以外地段，该保护地界应经专项研究确定。

（6）高架及地面线在市政道路红线外的征地范围，桥梁宜按结构投影面为准，路基以天然护道外1m为准，并根据现场具体情况协商确定。

五、城市轨道交通线网的发展趋势

大城市轨道交通线网的发展趋势可以概括为三个方面：

（一）速度等级差异线路的出现

考虑到出行者的需求实际上具有一定差异，而且随着城市发展，人们对出行效率的要求越来越高，设计并提供不同等级的轨道交通服务成为一种趋势。典型的例子是在原来的城市轨道交通线网基础上开辟快车线。如巴黎的4条快速地铁线；莫斯科的线网规划也增加"井"字形快速地铁线。这些城市由于其发展、扩大或建设外围新区，要克服长距离缺陷，提高速度，缩短时空距离，以加强新区与中心区的联系。

（二）与其他类型轨道交通的衔接

随着轨道交通建设里程的增加，许多大城市的城市轨道交通线网从最初的中心区主导模式逐步转向全市区模式，甚至形成了都市圈模式。换言之，城市轨道交通的不少线路在向外围延伸的同时，已经与其他轨道交通类型形成了交叉重叠。为提高建设与运行效率，研究与相关区域内的其他轨道交通（包括地面传统铁路、城际铁路、高速铁路等）的衔接，成为一个发展趋势。

（三）精细化的分阶段实施规划

城市轨道交通线网的规划及其实施是长期的，实施过程需要结合城市的具体发展需求、经济实力和资金能力。具体来说，每条线路都可能是分期、分段实施的。因此，如何根据各线路的位置与功能，判断其建设条件的成熟度，进而确定其分阶段建设年限，使得既能保持工程实施和运营的连续性，又能最大限度地发挥投资效益，是目前轨道交通网络规划的重要内容。

第五节　不同类型轨道交通线网的协调

一、三类网络的功能定位

根据三类网络的特征，三种类型网络的功能应该为：

（一）国铁服务城市大站

国铁的发展方针是客运高速化、货运重载化。因此，包括客运专线与高速铁路在内的国铁未来的主要市场将是区域对外交通。

对外交通的重要特征是解决非通勤出行问题，需要较高的在车服务质量和客票信息及预售服务能力。

（二）城际服务城镇各站

城际铁路的发展背景是基于区域内城市群整体发展需要。因此，城际铁路的主要服务对象应该是城镇群内部各城市之间的出行。

城镇群内部的城际出行可能兼有通勤与非通勤两者的特征，客流构成长短途兼有，其中长途客流较小，短途客流量较大；同时，中心城市之间长途的客流占较大比重。

（三）城市轨道交通服务市内通勤出行

城市轨道交通面向市内短距离通勤出行，这类出行最需要关注的是准时性、服务频率与换乘效率三方面的问题。

由于总的出行时间短，换乘过程所需要的时间实际上对整个出行过程影响巨大。调查表明，城市交通出行中，在车时间与车下时间之比一般为2∶1，换乘及两端接续效率不高时甚至达到1∶1。

铁路客运专线、城际轨道交通、城市轨道交通线路之间可以采取的衔接方式有互联互通和换乘枢纽两类。巴黎轨道交通网络的沙特莱枢纽将国铁、城际铁路、城市地铁线路接入同一个综合换乘枢纽，通过合理设置场线，可以实现多种制式线路在同一平面的换乘；在施工条件受限的情况下，也可考虑通道换乘、立体换乘等方式。

二、三类网络的技术参数

主要技术参数包括站间距、速度目标值等。

（一）站间距

鉴于上述功能定位，不同类型轨道交通线路可根据经过的各级城市、城镇的分布及其功能定位设站。一般而言，国有铁路特别是客运专线基本在地市一级的中心城市设置站点；城际铁路的站点设置还包括县、镇一级的城镇，且一般采用城市轨道交通的模式运行，开行站站停列车，同时适当开行越行快速列车予以协调，与国铁线路配合运营。

以珠三角为例，国铁客运专线线路平均设站间距为20～60km，城际轨道交通线路的平均设站间距大致为3～15km，城市轨道交通站间距一般为1～3km。原则上，城际轨道交通线路平均站间距应大于5km，最小站间距不应小于3km。考虑到城际轨道交通主要服务于区、县、镇与街道一级地区的中、短途客流，在规划的中心城镇应设置城际轨道交通车站，并优先考虑在人口稠密、经济发达的城镇地区、民航机场、铁路客运专线站点设置城际轨道交通以及城市轨道交通车站。

（二）速度目标值

研究表明，不同范围的速度目标值的投入产出效果不一。以平均站间距6.73km的某城际轨道交通为例：速度为160～200km/h时，实际运行时间改善明显；速度选择区间为200～250km/h时，运行时间节省效果已不显著；当超过250km/h的限速时，限速的提高对运行时间的影响很小。

因此，我国城际轨道交通线路的列车运行速度可以在80km/h、120km/h、160km/h中选择，最高运行速度建议不超过200km/h。

城市轨道交通由于站间距更短，其速度目标值在80km/h已可满足需求。个别站间距大的郊区线路可提高到100～120km/h。

（三）服务频率

主要指列车发车间隔。客运专线与城际轨道线路的最小发车间隔应根据需求水平和功能定位确定，而不是盲目比照城市轨道交通线路的间隔。

研究表明，鉴于城际铁路列车的功能定位，其追踪间隔应介于客专和地铁的追踪间隔之间，一般最小追踪间隔为5～10min即可，城市轨道交通类车的最小追踪间隔可缩短到2～3min，甚至更短。高速铁路与客运专线主要服务对外长距离交通，最小追踪间隔在10min时应可满足需求。

三、三类网络规划的协调

从促进三网一体化的角度出发，区域内的三网协调应做好以下三方面工作。

（一）站点布局的协调

不同轨道交通线路应尽量在同一地点合并设站，形成轨道交通换乘枢纽。换乘枢纽是常见的线路衔接方式，旅客通过车站内的站台和通道等设施在不同的轨道交通线路之间转换。

但是，换乘枢纽规模不宜过大。客流量大时，原则上应考虑多设可替代的换乘节点以分担换乘客流压力，同时为旅客提供更多选择。

（二）轨道交通线路间的衔接

根据日本的经验，不同类型轨道交通线路的衔接方式可以考虑不同类型线路的并线运营问题，结合站点设置方案，为出行者提供优质服务，提高整个轨道交通网络的吸引能力。

国铁、城际线与城市轨道交通线路间衔接车站的位置可分为郊区和市区两类。从减少旅客换乘次数角度看，衔接车站位置的选择原则如下：

（1）客运专线及采用铁路客运专线制式的城际线应在市区与城市轨道交通线路衔接。

（2）采用城市轨道交通制式的城际线可在郊区与城市轨道交通线路衔接，并尽可能采用互联互通的衔接方式，开行跨线列车。

（3）兼具城市轨道交通线路或市郊线路功能的城际线可在市区与城市轨道交通线路衔接。

（三）互联互通问题

互联互通是将两条不同种类的轨道交通线路直接连通，旅客可从一条线路直接进入另一条线路。从方便旅客出行的角度来看，互联互通使得乘坐跨线列车的旅客不必下车即可从一条线路转换至另一条线路，是较优的衔接方式。互联互通的衔接方式相当于增加了两线间的换乘结点数目，与两线只通过一两个换乘站衔接的方案相比，换乘结点的压力得以分散。

城际轨道交通与城市轨道交通实现互联互通有三个基本条件：

（1）两线的线路制式兼容。

（2）票制兼容。

（3）线路通过能力满足要求。

不同种类轨道交通线路实现互联互通，必要条件是线路制式的兼容性。两线在轨道、车辆、信号、供电等方面须采用统一或兼容的系统制式。

第六节　线网规划方案的评价

国外城市，如巴黎、柏林等，在城市轨道交通建设初期主要从具体某条或几条线路的角度进行局部性的效益评价，之后逐渐认识到路网系统对城市土地利用的动态作用和社会效益，开始重视路网方案的评价。基于许多评价指标不能以货币形式度量的考虑，美国城市大容量运输管理局UMTA（the Urban Mass Transportation Administration）对城市轨道交通项目采用费用——效果分析法（Cost-effectiveness method），它设立客流量和平均每客成本的界限值，考虑建设地情况筛去不合要求的方案，再以交通需求管理方案为基准评价乘车率指标，之后评价平均每客费用，将项目按高、中、低分类排序。美国制定的大城市轨道交通发展规划的评价指标为：重构节省能源的城镇体系，恢复中心区活力，促进旧城改建，改善环境，改善中心区的居民出行可达性，实现社会平等。可见其是以定性分析为主的，定量评价方面还不深入。城市轨道交通项目是城市有史以来最大的公益性基础设施投资，它不仅仅是一个技术分析过程，而且是一个政治决策过程，具有经济风险性，因此涉及因素广泛，城市轨道交通规划方案评价势必是从社会、经济、系统自身技术角度出发的多属性评价过程。

城市轨道交通线网评价是城市轨道交通线网规划的关键环节，它贯穿于线网方案构架设计及评优决策的始终。在方案构架过程中，评价可作为规划人员的一个辅助工具，一套科学的评价方法和评价指标体系有助于规划方案拟订的合理化，为规划人员提供可依据的尺度。在最终的评优决策中，评价则对方案进行全面而系统的定性定量分析，以确定轨道网在规划布局上与城市布局、城市发展的适应情况及在等级、容量上与交通量的适应情况，从而选择出技术上先进、经济上合理、实施上可行的最优或满意的方案。

总的来说，轨道网络评价应保障线网在功能上满足需要，在技术上切实可行，在经济上投入合理，应遵从如下基本原则：

（1）服从完善城市交通系统结构。

（2）考虑轨道网本身建设和运营的特性。

（3）对城市土地利用的影响。

（4）将可实施性计入在内。

（5）体现必要性论证的功能。

（6）注意后期的运营和建设。

（7）做发展的适应性分析。

基于以上所介绍的各种交通系统评价方法，城市轨道交通线网评价应选择符合其特点的评价方法。城市轨道交通规划决策的基本要素在于构建一个合理的准则体系，有足够可靠的信息（数据），选择适用的决策方法，并具有简洁明了的特征。如前所述，城市轨道交通规划方案评价是多属性评价过程，在实践过程中，多利用广泛使用的层次分析法（Analytic Hierarchy Process, 简称AHP）构建评价问题的递阶层次结构，通过专家咨询打分的方法确定权重，最后计算广义效用函数进行综合评判。

第三章　城市轨道交通建设

城市轨道交通建设是重要的基础设施建设项目，为保证施工质量和投入运营后的安全保障，国家陆续颁布了相关的法律、法规，对施工进度、质量、投资及安全等方面进行全过程控制。城市轨道交通系统建设周期长、技术要求高，建设过程中出现的问题，投入运营后整改难度极大。因此，为保障工程安全实施并满足运营需求，应树立建设全过程为运营服务的理念，运营单位和运营专家也应全过程、全方位提前参与到建设工作当中。

第一节　区间隧道施工方法

城市轨道交通隧道是指修建在地下或水下，连接地下铁道车站并敷设轨道供车辆通行的建筑设施，其结构类型和施工方法应根据区间隧道及车站的规模、工程地质及水文地质条件和周围环境条件进行技术经济比较确定。区间隧道的施工方法主要包括明挖法、暗挖法、盖挖法和特殊施工方法四类。本节主要介绍明挖法盾构法、矿山法和沉管法等常见的区间隧道施工方法。

一、明挖法

明挖法是指在进行地下车站、隧道施工时，由地面向下开挖土石方至设计标高，然后自基底向上进行隧道主体结构施工，最后回填基坑并恢复地面的施工方法。

明挖法具有作业技术简单、施工覆盖面大、速度快、工程造价较低、容易保证工程质量等优点，城市轨道交通工程发展初期将其作为首选开挖技术；但其缺点也非常明显，施工在时间和空间上对施工区域周边的交通环境影响较大；此外，噪声、振动与扬尘等对周边环境也有较大的影响。

二、盖挖法

在城市交通繁忙地段修建城市轨道交通地下车站时，如果采用明挖法施工，往往会占用道路，影响交通。当需要保证施工地段的道路畅通时，地下车站的施工可选用盖挖法。盖挖法是由地面向下开挖至一定深度后，将顶部封闭，恢复地面，而整个下部工程施工在封闭的空间内进行的施工方法。在城市繁忙地带修建城市轨道交通车站时，往往占用道路，影响交通运行。当城市轨道交通车站设在主干道上，且交通不能中断时，可选用盖挖法。盖挖法将城市轨道交通土建设施对周边交通、环境的影响限制在一定的时间和空间范围内，相对明挖法具有一定的优越性。

三、暗挖法

当埋深超过一定限度后，明挖法不再适用，而要改用暗挖法，即在特定条件下，不开挖地面，在地下进行所有开挖和修筑衬砌结构的隧道施工方法。目前隧道施工普遍采用暗挖法。暗挖法将城市轨道交通建设对城市交通、环境的影响降低到最低限度，但其造价昂贵。城市轨道交通暗挖法施工包括盾构法、矿山法、钻爆法等。以下介绍盾构法和矿山法。

（一）盾构法

盾构法是采用盾构隧道掘进机在地面以下进行隧道开挖的一种施工方法。盾构隧道掘进机是一种隧道掘进的专用工程机械，现代盾构掘进机集光、机、电、液、传感、信息技术于一体，具有开挖切削土体，输送土渣、拼装隧道衬砌、测量导向纠偏等功能，涉及地质、土木、机械、力学、液压、电气控制、测量等多门学科技术，能够按照不同的地质条件进行专门设计制造，工程可靠性极高。目前，盾构法已广泛用于地铁等城市轨道交通项目隧道工程建设。

随着我国城市轨道交通盾构技术的不断发展，盾构不但可以进行圆形隧道的

开挖，还可进行方形隧道开挖。此外，目前已在使用的双圆盾构，能一次同时开挖两条平行的区间隧道，不仅解决了双线隧道施工中两边隧道分别掘进时的相互影响及对周围土体的二次扰动难题，同时加快了施工速度。

盾构法除竖井施工外，施工作业均在地下进行，具有施工速度快、振动小、噪声低等优点，在松软含水地层中及城市地下管线密布等施工条件困难地段采用盾构法施工，具有较高的技术经济优越性；其次，盾构推进、出土、拼装衬砌等主要工序循环进行，便于施工管理，效率高。近年来，新开发的泥水加压盾构和土压式盾构，对克服盾构施工造成地表隆起和沉降量大，致使周围建筑物、地下管线、道路路面变形和裂缝的缺点有明显成效，提高了盾构法的生命力。盾构法的缺点是对断面尺寸多变的区段适应能力差。此外，新型盾构购置费昂贵，对施工区段短的工程经济性较差。

（二）矿山法

矿山法分传统矿山法和新矿山法，施工的隧道一般采用拱形结构。传统矿山法施工工艺落后，安全性较差，近年逐步被新矿山法取代。新矿山法是指利用土层在开挖过程中短时间的自稳定能力，采用适当的支护措施，使围岩或土层表面形成密贴型薄壁支撑结构的施工方法。新矿山法适用于黏性土层、砂层、砂卵层等地质条件。

四、特殊施工法

（一）顶进法

顶进法又称作顶管法，是指在地面开挖的基坑井中安放管节，然后通过顶推机械将管节从工作井预留口穿出，穿越土层到达接受井并从接受井的预留口穿出，形成区间隧道的施工方法。

（二）沉管法

沉管法提前将隧道管段分段预制，并在每段两端设临时止水头部，施工时先将隧道管段浮运至隧道轴线处，沉放在预先挖好的地槽内并将所有管段进行水下连接，然后移去临时止水头部，回填基槽保护沉管，最后铺设隧道内部设施，形成一个水下通道的施工方法。

沉管隧道对地基要求较低，特别适用于软土地基、河床或海岸较浅地段的隧道施工。由于其埋深小，包括连接段在内的隧道线路总长较采用暗挖法和盾构法修建的隧道明显缩短。基槽开挖、管段预制、浮运沉放和内部铺装等各工序可平行作业，彼此干扰相对较少。因此，在江河等宽阔水域下构筑隧道时，沉管法是目前最经济的施工方法。

第二节 建设风险管控

城市轨道交通工程建设质量受到建设环境、参建力量、技术装备、工程风险管控措施等影响，其中工程建设风险管控是提高工程质量的重要手段。本节主要介绍工程建设风险管控的标准、内容和流程。

一、概述

（一）管理目标

在安全可靠、经济合理、技术可行的前提下，把城市轨道交通建设工期中潜在的各类风险降到尽可能低的水平，以获得最大限度的建设安全与优质的工程质量，控制工程建设投资，降低经济损失或人员伤亡，保障工程建设工期，提高风险监督及管理效益。

（二）管理范围

城市轨道交通工程风险管理的范围包括：

（1）对工程自身可能造成经济损失以及意外损坏的风险。

（2）因工程的工期延长或提前而需承担的风险。

（3）工程建设相关人员的安全和健康的风险。

（4）第三方的财产损失风险，主要针对邻近既有各类建筑物，尤其注意历

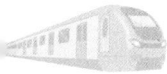

史保护性建筑物、地表和地下基础设施的施工风险。

（5）第三方的人员安全和健康等风险。

（6）周围区域环境风险，包括对土地、水资源、动植物的破坏，以及对空气的污染、电磁辐射、噪声及振动等。

（三）管理原则

城市轨道交通项目施工由于受施工场地、施工环境和复杂多变的地质条件限制，决定了城市轨道交通建设项目是高风险的施工项目，安全管理过程复杂，管理难度大。因此，风险及安全管理贯穿整个施工过程，必须贯彻"安全第一，预防为主，综合治理"的管理方针，建立健全安全管理体系和各项安全管理制度，全员参与，强化管理，确保安全管理目标的顺利实现。城市轨道交通工程风险管理原则可概括如下：

（1）坚持"安全第一，预防为主，综合治理"的方针。

（2）完善项目安全管理体系，建立安全生产责任制。

（3）坚持"以人为本"的管理理念。

（4）坚持施工技术和危险性较大工程编制专项方案。

（5）坚持安全检查制度。

（6）加强现场危险源控制，加强施工与生产的协调。

（四）管理策略

风险管理策略的制定应使工程建设参与各方在实施工程风险管理过程中目标一致。具体包括：

（1）制定工程建设各阶段的风险管理目标。

（2）明确工程建设参与各方风险控制责任。

（3）建立工程风险管理方案的实施、监控、完善与评审制度和程序。

（4）建立工程风险管理的沟通与协调机制。

（5）制定科学的、系统的和动态的工程风险管理方案，建立风险预防、预警和预案系统，动态跟踪风险发展状态，及时实施风险控制措施。

二、管控内容

（一）影响因素

城市轨道交通建设工程风险的主要影响因素复杂繁多，施工工程风险因素主要包括以下方面：

（1）工程固有风险。工程固有风险是指由于工程施工区域的水文地质条件、工程本身特征、工程采用工法工艺的限制，以及前道工序的质量造成的工程风险。

（2）环境条件制约。环境条件制约是指工程邻近建筑物情况、社会风险情况、气候因素，以及重大政治事件期间（如奥运会、世博会等），环境条件的制约往往提高工程施工的难度，在固有工程风险的基础上，加大了工程风险的严重程度。

（3）工程施工管理。每个工程事故背后都有施工管理因素，它既能恶化工程风险程度，也可以通过加强施工管理，减少工程的风险。施工管理因素和施工单位的企业文化、现场项目经理、总监的能力密切相关。

（二）管控内容

结合我国城市轨道交通及地下工程建设实际情况，按照工程进度可划分为规划阶段、可行性研究阶段、设计阶段、招投标阶段和施工阶段。

控制城市轨道交通建设风险应从工程可行性研究阶段开始介入，使整个工程的所有风险从一开始就在可控范围内。

三、管控流程

城市轨道交通工程风险管理流程包括风险界定、风险辨识、风险估计、风险评价和风险控制。

（1）风险界定。风险界定指建立工程风险管理分级标准、划分风险评估单元的过程，包括建立风险界定标准和划分单元。

（2）风险辨识。风险辨识指调查工程建设中潜在的风险类型，事故发生的地点、时间及原因，并进行系统的筛选、分类的过程，包括风险影响因素的分析、风险事故的划分和风险筛选。

（3）风险估计。风险估计指对工程风险发生的可能性以及不良后果进行数量估算的过程，包括确定风险发生频率、风险发生的分布特点、评估风险发生的损失，以及风险估计方法的确定。

（4）风险评价。风险评价指根据制定的工程风险分级标准和接受准则，对工程风险进行等级分析、危害性评定和风险排序的过程，包括风险接受准则的确定、事故风险的评价、风险权重的排序，以及风险的决策。

（5）风险控制。风险控制指为降低工程风险损失所采取的处置对策、技术方案或措施等，包括风险处置措施与对策、风险预报、预警和预案系统的建立，风险责任承担的界定，以及风险监测、跟踪和记录。

第三节　建设阶段的运营筹备

在城市轨道交通项目建设阶段，运营单位及时、合理、有效地提前参与到建设工作当中，有助于运营单位熟悉工程现场与设备安装状态，将运营需求和经验教训及时反馈给建设单位，提前整合运营相关资源，为系统联合调试和试运营做好准备。

一、主要目标

城市轨道交通项目的全过程包括项目规划阶段、项目建设实施阶段、运营管理阶段。城市轨道交通建设作为复杂的大型基础设施建设项目，其特点呈现为：建设规模大，技术要求高，项目投资大，建设周期长，参与单位多，系统复杂。项目建设阶段的运营筹备主要是指从项目设计、建设、施工开始到工程完工之前，在以工程建设为主导的阶段，运营单位根据近远期规划的运营需求，及时、合理、有效地参与项目建设工作。

城市轨道交通工程建设时期持续的时间长、范围大、阶段性明显，针对运营筹备工作的展开而言，该时期具有较大的时间伸展和空间纵深。因此该时期的运营筹备工作的主要目标为通过组织、调动运营单位相关人力、物力等资源，及时、主动、合理地介入，参与工程建设各个阶段的相关工作，使运营相关人员逐步了解、熟悉进而掌握新线建设进度和状态，全方位、多角度地做好开通运营的充分准备，并在建设过程中充分、合理地将运营需求反馈给建设单位，以支持工程建设，确保新线顺利接管。具体包括以下三方面的内容：

（1）及时参与到工程建设的各阶段，了解、熟悉工程现场与设备安装状态，掌握新环境、新设备、新功能和新技术，以便在新线接管后有能力开展系统调试及运营演练等工作，为确保开通试运营做好准备。

（2）在参与工程建设各个阶段中，及时合理地将运营的需求、经验和教训明确提出，从运营角度发现并反馈工程存在和需要完善的问题，并将其解决在工程的建设过程中。

（3）在参与建设时期的设计和施工过程中，及时有效地整合运营单位的专业人力等资源，除学习和了解新线各类设备、技术外，还可以协助建设单位进行对工程建设的管理，以支持工程建设，确保工程进度和质量。

二、基本原则

在工程建设阶段，运营筹备应建立对建设和运营单位体制、机制和模式有机衔接、融合的组织管理理念，使建设与运营单位的最终目的和过程目标能达成科学、有效、合理的一致化与分工协作化；从工程前期的建设为主导，逐步过渡到后期的以试运营准备等相关筹备组织为主导，在工程建设前期奠定运营筹备的管理、组织与工作的基础，组织运营相关人员，及时了解、熟悉和掌握新线的规划意图、站线走向、周边环境、技术路线、技术构成、安装调试、运作需求、后勤保障等特性，进而随着工程各阶段进展，有条不紊地开展运营筹备工作，有效地推动、完成运营筹备。具体原则主要包括以下方面：

（一）运营建设协同原则

无论建设运营一体化管理，还是建设、运营分离管理，工程建设时期的阶段目标都是建设单位将建设工程和相应设备设施移交给运营单位，即建设和运营单位在该时期具有统一的目标。因此，运营单位在工程建设时期的筹备主体任务就是要围绕阶段目标，加强与建设单位的协同配合，抓紧开展相关筹备工作。

（二）项目管理制原则

工程建设时期的主体是建设单位，运营单位在此时期主要是参与、介入、了解、熟悉新线，因此，运营单位在工程建设时期的筹备中应遵循项目管理制的原则，在行政管理组织基础上，根据各阶段筹备的具体特点和需要，辅之以项目管理形式，对各阶段筹备工作进行专业化或业务合成化管理。

（三）制度规范性原则

在工程建设时期，运营单位的主要工作就是尽可能参与到设计与施工各阶段，配合相关工程验收并完成新线接管。运营单位必须制定相应的规则制度来规范系列工作行为，确保运营人员参与设计与施工的行为能有益于保证建设工期与质量，保障运营人员的安全，保证运营单位的工程与设备质量良好。

三、工作内容和要求

（一）工作内容

（1）在用户需求形成与设计阶段，应使相关人员合理、有效、及时地介入，参与各种设计、设计审查、设计联络工作，从运营角度、验收角度、维修角度、后勤保障角度及其相互间关系诸方面综合展开筹备。

（2）按照设计和用户需求，通过合理、有效、及时地介入，参与各种招标、合同谈判、合同澄清、工厂监造、出厂验收，从验收、维修、后勤保障、满足运营需求的角度，根据其相互间关系综合展开筹备。

（3）设备设施现场施工与调试、验收阶段的运营筹备应按照设计方案、用户需求和合同，以满足运营需求为基准，通过合理、有效、及时地介入和参与各种施工、安装、调试、验收，从安装跟踪与监控角度、调试跟踪与参与角度、验收角度，根据各角度相互间关系综合展开筹备。

一般来说，运营单位参与相关设计审查会或方案讨论会，然后提出相关意见并力求在会上讨论及被采纳，同时运营人员应将提出的问题及会议采纳情况记录备案。运营单位安排相关部门定期跟踪会议采纳意见的落实情况。

（二）工作要求

（1）无论设计、安装、调试，还是验收、接管、演练，所有涉及运营筹备的活动，其核心都是以确保今后运营的行车安全、消防安全、人身安全为基础，实现良好的城市轨道交通线路开通运营水平。为此，应严格按运营需求跟踪落实，严格按照设计要求跟踪落实招标，严格按设计及相关标准跟踪落实工厂制造、安装和调试、验收和接管，严格按筹备计划，及时落实运营准备。

（2）在工程各阶段中，无论在工厂、现场，还是在各种相关会议中，运营人员都要围绕既定设计方案，重点针对行车安全、消防安全、人身安全和运营水平满足将来运营需求及时发现存在的问题。对发现的问题，首先应立即向建设管理、设计、承包商等相关人员提出；提出后无论是否得到解决，均应在规定的时间内按规范的格式汇集问题向建设管理单位等相关组织正式报出，力求解决和存档备案。

（3）建立发现问题、汇集问题、整理问题、报出问题、备案问题的程序性渠道。规定运营筹备人员在发现问题上的职责；规定对各专业、各种问题的主次分类规则和报表格式规定各类问题报出的有效程序；规定对问题归纳、分析、备案、存档的流程。

（4）建立协调问题、解决问题的组织性机制。建立运营单位与建设单位之间多种形式的问题解决渠道，直至高层决策定论的定期和必要的非定期协调和沟通机制。

第四章　城市轨道交通运营

城市轨道交通工程建设完工并进行试运行调试后，通过试运营基本条件验收后，方能正式开始载客运营。城市轨道交通载客运营可分为试运营和正式运营两阶段。由于试运行是试运营安全的重要前提和保障，本章将试运行纳入城市轨道交通运营进行介绍，主要阐述试运行、试运营以及正式运营三阶段的重要性和作用、各阶段的相互关系、工作内容以及主要节点的验收形式和工作流程等，介绍开展各阶段工作的主要目的、组织方法和注意事项。

第一节　城市轨道交通概述

为了保障城市轨道交通安全运营，应确保规划设计的科学合理和建设工程的质量可靠，必须加强城市轨道交通规划、建设和运营的衔接，树立规划，建设全过程为运营安全服务的理念，实现运营安全保障前移，确保线路开通后安全运营。

城市轨道交通规划、建设、运营各阶段的有明确的节点划分，节点控制质量关系到各阶段工作的质量。应严把重要节点关口，试运行结束应经试运营基本条件评审并合格后方可投入试运营。线路投入运营之前，应确保设备间、系统间、人员与设备系统间的充分磨合，使系统安全可靠；此外，投入运营后的设施设备能力、从业人员岗位技能水平应满足日常运营要求。

一、城市轨道交通的概念

我国对城市公共交通的定义是："城市中供公众乘用的、经济方便的各种交通方式的总称。"我们将城市中使用车辆在固定轨道上运行并主要服务于城市公共交通的轮轨交通系统称为城市轨道交通。

城市轨道交通是城市公共交通的骨干，它具有运量大、速度快、节能、安全可靠、污染少、占地少等特点，属绿色环保交通体系，符合可持续发展的原则，特别适合大中城市。其特点具体如下：

（1）运量大：现代化的轨道交通，由于先进科学技术的运用，使列车行车密度和单列载客能力都得到大幅度的提高，从而大大提高了城市轨道交通的运输能力，能充分满足城市大客流的需要。

（2）速度快：列车采用先进的电动车组动力牵引方式，加上良好的线路条件和行车自动控制体系，列车快速运行能得到安全保障，现代城市轨道交通系统的列车运行速度较以往有了很大提高。

（3）节能：城市轨道交通为大运量客运系统，且采用了多项高新技术，在客流得到保证的情况下，其运送乘客的人均能源消耗远远低于其他任何一种城市交通方式。

（4）安全可靠：城市轨道交通线路一般采用立交方式与地面其他交通方式完全隔离，不受地面交通干扰；同时，城市轨道交通采用先进的信号安全系统来确保列车运行安全，其受气候条件影响很小，因而城市轨道交通是一种全天候的公共交通方式，安全性和准点性高，是城市公共交通方式中可靠性最强的一种。尤其是在上下班高峰时段、气候条件恶劣的时候，其优势更加明显。

（5）污染少：城市轨道交通一般采用电力牵引动力方式，列车以电力为能源产生动力，与以燃油为动力的交通工具相比，城市轨道交通没有废气污染，有"绿色交通"之称，而这正是现代城市可持续发展最为关注的环境保护问题。

（6）占地少：城市轨道交通大量采用立交形式，大大减少了对城市土地的占用；由于其运量大，乘客交通出行人均所占土地面积相对于其他交通方式更少。

城市轨道交通具有许多优点，适合交通拥挤的大中城市采用，但城市轨道交通也存在建设投入大、线路建成后不易调整、运营成本高等局限性。

（1）建设投入大：城市轨道交通系统采用立交方式，建设要求高，施工难度大，设备技术标准高，线路建设一次性投资额巨大。

（2）线路建成后不易调整：城市轨道交通线路的地下隧道、高架桥等都是永久性结构，建成后几乎没有调整的可能性。

（3）运营成本高，经济效益有限：城市轨道交通系统的设备和设施科技含量高，标准要求高，因此日常维修保养费用也高，运营成本居高不下；由于城市轨道交通系统有较强的公益性，无法按运营成本核收票价，极易导致运营亏损，大多数城市轨道交通系统依赖国家与地方政府、社会机构提供补贴。

二、城市轨道交通系统的分类

城市轨道交通在发展过程中出现了许多不同的类型。按照不同的标准，城市轨道交通系统有不同的分类。

（1）按技术特征分类：根据城市轨道交通系统基本技术特征的不同，城市轨道交通系统主要分为地下铁道、轻轨交通、有轨电车、独轨系统、市郊铁路和磁悬浮系统六种类型。

①地下铁道：原始含义指修建在地下隧道中的铁路。随着地下铁道的发展，其线路布置已不只局限在地下隧道中，根据需要也可布置在地面或采用高架的方式修建，但市区内的线路还是以地下为主。地下铁道的服务范围主要集中在市区，通常简称为地铁。

②轻轨铁路：原始含义指车辆运行的线路所使用的钢轨，比重型地铁所使用的钢轨轻的铁路。由于轻轨铁路的钢轨较轻，整体技术标准低于地铁，运输能力远小于地铁，早期的轻轨一般是直接对旧式有轨电车系统改建而成。

③有轨电车：是一种在城市道路上修建轨道并在空中架设输电系统的城市轨道公共交通系统。有轨电车通常采用地面线，有时也有隔离的专用路基和轨道，隧道或高架区间仅在交通拥挤的地带才被采用。现代有轨电车系统与性能较差的轻轨交通已很接近，但前者的建设投资较小，见效较快，运输能力相对也较小。

④独轨铁路：是车辆或列车在单一轨道梁上运行的城市客运交通系统。独轨铁路的线路通常采用高架结构，车辆则大多采用橡胶轮胎。独轨铁路适合于在地面起伏较大的城市修建。

⑤市郊铁路：是连接市区与郊区，以及连接城市周围几十公里甚至更大范围

的卫星城镇的铁路。市郊铁路往往又是连接大中城市干线铁路的一部分，具有干线铁路的技术特征，如轨道钢轨通常是重型的；运营组织上通常是市郊旅客列车与干线旅客列车、货物列车混行。

⑥磁悬浮系统：磁悬浮列车依靠电磁吸力或电动斥力将列车悬浮于空中并进行导向，实现列车与轨道之间的无机械接触，再利用线性电机驱动列车运行。磁悬浮系统的轨道往往也采用轨道梁的高架结构，时速可达到500km以上，是当今世界最快的地面客运交通工具，具有速度快、爬坡能力强、能耗低的优点。

（2）按运输能力分类：根据城市轨道交通系统单向高峰小时运输能力的大小，城市轨道交通系统可分为大运量、中运量和低运量三种类型。

①大运量城市轨道交通系统：单向高峰小时运输能力在3万人次以上，地下铁道属于此种类型。

②中运量城市轨道交通系统：单向高峰小时运输能力为1.5万～3万人次，轻轨铁路、独轨铁路属于此种类型。

③低运量城市轨道交通系统：单向高峰小时运输能力为0.5万～1.5万人次，有轨电车属于此种类型。

三、城市轨道交通系统的组成

城市轨道交通系统由一系列相关设施组成，这些设施包括车辆、线路、车站、供电、通信信号以及环控系统等，各系统协同合作为用户提供满意服务。线路、轨道、车站、车辆、供电系统、通信信号系统和环境控制系统，是城市轨道交通系统的基本构成。

（1）线路：线路敷设方式，应根据城市总体规划和地理环境条件因地制宜选择，一般在城市中心地区采用地下线，其他地区在条件许可时可采用高架线或地面线。

城市轨道交通线路按其在运营中的作用，分为正线、辅助线和车场线。正线是车辆载客运营的线路，行车速度高、密度大，要保证行车安全和乘坐舒适，线路标准要求高；辅助线是为了保证正线运营而配置的线路，速度要求低，标准较低；车场线是供车辆检修作业用的线路，行车速度较低，线路标准只要满足场区作业即可。

（2）轨道：轨道是列车运行的基础，直接承受列车荷载，并引导列车运

行。轨道结构是城市轨道交通系统的重要组成部分，一般由钢轨、扣件、轨枕、道床、道岔及其他附属设备组成。为保证列车的安全运行，轨道结构应具有足够的强度、稳定性、耐久性、绝缘性和适量弹性，且养护维修量小，以确保列车安全运行和乘坐舒适。

（3）车站：车站是旅客乘降的场所，也是城市轨道交通面向公众开放的窗口。车站的规模、设施先进程度、服务水平，也反映了城市的综合实力和科技发展水平。

车站按运营性质可分为中间站、尽头站、换乘站和折返站；按结构形式可分为地下车站、地面车站和高架车站；按车站与轨道的相对位置又可分为岛式站台车站和侧式站台车站。

（4）车辆：城市轨道交通车辆主要是指地铁车辆和轻轨车辆，它们是城市轨道交通系统最重要的设备，也是技术含量最高的机电设备。车辆作为旅客运载工具，不仅要保证运行安全、可靠、快速，而且应考虑乘客的舒适和方便程度，以及满足公共交通所需的大容量。

车辆分为动车、拖车，带司机室、不带司机室等多种形式。地铁车辆（无论动车还是拖车）主要由车体、转向架、牵引缓冲装置、制动装置、受流装置、车辆内部设备、车辆电气系统等几部分组成。

（5）供电系统：电能是城市轨道交通系统必需的能源，几乎所有的设备都离不开电力供应，一旦供电中断，整个轨道交通运输将陷入瘫痪状态，安全、可靠的供电系统是城市轨道交通系统正常运营的重要条件和保证。

供电系统一般包括牵引供电系统和动力照明供电系统。牵引供电系统为电动车辆运行提供电能，由牵引变电所和牵引网组成；动力照明供电系统提供车站和区间各类照明、扶梯、风机、水泵等动力机械设备电源，以及通信、信号、自动化等设备电源，其由降压变电所和动力照明配电线路组成。

（6）通信信号系统：城市轨道交通具有高速度、高密度、短间隔的特点，其信号系统从传统的以地面信号为主发展到自动监控列车速度和自动调整列车追踪间隔的方式。信号系统按功能分为自动闭塞、联锁、列车自动监控系统、列车自动防护系统和列车自动运行系统等几个部分。

城市轨道交通具有自成体系的独立完整的内部通信网，由光纤数字传输系统、数字电话交换系统、闭路电视系统、无线调度系统以及车站广播系统等组成，以保证迅速、准确、可靠地传递和交换语音、图像、数据信息。

（7）环境控制系统：城市轨道交通环境控制系统（以下简称环控系统）是城市轨道交通系统的重要组成部分，它关系到乘客旅行安全和旅途心情。早期地铁在隧道内运行较少考虑环境问题，乘客必须忍受高温、高湿及污浊的空气，随着经济和社会发展水平的提高，乘客对乘车环境有了更高要求，地铁系统中开始增设环控系统。环控系统主要包括地铁通风、空调和采暖等设备。

第二节　城市轨道交通试运行分析

一、概念

试运行是指城市轨道交通主体工程完工，完成冷滑、热滑试验后，按照运营模式进行系统试运转、安全测试等非载客的运行活动，是城市轨道交通开通试运营前的一个必要环节和重要保障。其中，"冷滑试验"是指不带电状态下，由工程车牵引列车滑行，检查车辆段和运营设备设施是否符合设计规范，检查线路几何尺寸是否达到运行规范，并检查信号联锁系统运转是否正常；"热滑试验"是指在运营线路送电的情况下，依靠列车自行运行，对轨道线路、供电系统设备进行全面检测。

试运行阶段具有以下特征：

一是按照运营模式运行。试运行期间，需要按照编制的列车运行图行车，即"跑图行车"，同时运营单位运营人员需要在试运行期间先期进入，以载客运营的标准，完成设施设备的实际操作和维护。

二是进行系统试运转和安全测试。试运行期间，按照编制的试运行命令和运行图组织行车，采用各种不同的行车方案和运行模式对车辆、供电、轨道、通信、信号等系统性能进行测试，完成系统试运转、安全测试等。同时，还将开展各项演练，为开通试运营奠定基础。

三是空载完成运行。试运行期间，实施空载运行，不得有载客行为。

二、前提条件

试运行的前提条件主要包括工作程序和设施设备性能两个方面。城市轨道交通试运行前应完成国家规定的所有工作程序并验收合格，设施设备性能应满足试运行的要求，以确保试运行阶段的安全运行。

一是工作程序前提。进入试运行前，需要完成冷滑、热滑试验，完成系统间调试并合格。系统间调试主要是检验系统与系统之间的接口功能和运行性能，主要包括正线行车系统联调、车站级系统联调和中央级系统联调。通过系统间调试，关键设备已具备确保试运行阶段安全所具备的功能和性能，主要包括信号系统、车辆系统、重要机电系统等。

（1）信号系统。信号系统通过可靠性和安全性考核合格，满足空载试运行要求，取得"试运行安全授权书"。

（2）车辆系统。完成样车型试验项目且合格；完成全部车辆的例行试验且合格。

（3）机电系统。机电系统设备按照设计功能和运行方式投入运行，并提供系统功能测试报告。

二是设施设备性能前提。城市轨道交通主体工程已完工，设备具备开展空载试运行的基本条件。城市轨道交通主体工程完工是指车站、区间、车辆基地主体建筑及装修工程基本全部完工，并完成验收。

三、主要任务

城市轨道交通试运行阶段的主要任务是完成设备与设备间，系统与系统间以及人与设备间的充分磨合，全面查找问题，提前暴露设备与系统故障，最大限度释放运营风险，确保系统运行的稳定性和可靠性。同时检验和提升从业人员的岗位实际操作技能，使从业人员在城市轨道交通线路投入运营后能够胜任工作岗位。

四、工作内容

城市轨道交通工程完工后，建设单位应当向运营单位提供技术档案和相关资料，并会同运营单位组织试运行，对设备、设施进行调试和安全测试。按照国家有关标准和规定，试运行时间不得少于3个月。试运行阶段所需的费用应由建设工程费用预算支付。

试运行工作内容主要包括检验设备系统的稳定性、检验运营组织方案、检验应急预案。设备系统的稳定性和可靠性关系到整个城市轨道交通系统的正常运行，在开通试运营之前，系统的稳定性和可靠性必须达到确保运行安全和基本运营服务的水平，尤其是与行车和乘客服务密切相关的系统。通过试运行阶段设备磨合和从业人员上岗实操，检验规章制度的合理性、运营组织方案的科学性、应急预案的适用性。

（一）检验设备系统的稳定性

（1）完成信号系统的安全测试。通过列车运行，完成信号系统测试并检验与安全相关的各项性能指标和功能的完整性。城市轨道交通信号设备系统安全测试分为两阶段。

第一阶段，进行单列车动车测试。在联锁区的道岔、信号机等设备的单体调试并确定检查联锁关系正确的基础上，使用单列车上线对联锁系统进行动态验证，对列车自动防护（Automatic Train Protection，ATP）系统的功能进行测试。

第二阶段，进行多列车动车测试。在单列车动车测试的基础上，使用2列车、3列车测试列车自动防护系统防护功能、各种进路办理功能、不同级别列车混行、升降级及相互影响功能，测试无线系统容量。列车逐步增加，直到满足试运营期间高峰小时发车间隔下的列车运行的列车自动防护系统的功能测试。期间，使用多车对系统各种功能进行验证，以及和其他专业系统进行联合测试。

同时，按照列车运行图开展按图运行，分为不同时间间隔进行，如10min、6min、4min、3min等条件下的按图运行，分析解决试运行中发现的各种技术问题，修正和验证系统容量和可靠性。

（2）完成特种设备系统的安全测试。城市轨道交通特种设备系统的安全测试主要包括人防系统、压力容器系统、消防系统及自动扶梯和电梯系统等。

一是人防系统专项验收。城市人民防空主管部门实施对车站、区间人防系统的专项验收。

二是压力容器系统专项验收。城市质量技术监督主管部门实施对压力容器系统的专项验收。

三是消防系统专项验收。城市消防主管部门实施对车站、车辆段及区间消防系统的专项验收。

四是自动扶梯和电梯系统专项验收。城市质量技术监督主管部门实施对自动扶梯和电梯系统的专项验收。

（3）完成设备系统功能的安全测试。通过试运行期间各设备系统的综合测试，使各个系统正常运行，满足试运营期间的要求。

一是完成列车在不同发车间隔情况下供电能力的测试，各种技术参数满足试运营期间供电能力要求。

二是完成通信系统对行车、防灾、电话、无线、广播等数据传输可靠性的测试。

三是完成自动售检票（Automatic Fare Collection，AFC）系统的互联互通测试，检验乘客实际购票，检票进、出站流程功能，验证终端设备数据读取可靠性；完成对票务清分设备的可靠性测试。

四是完成综合后备控制盘（Integrated Backup Panel，IBP）对环境与设备监控系统（Building Automation System，BAS）阻塞模式，紧急情况下闸机释放等应急情况下控制的测试。

五是完成轨道系统的稳定状态测试以及列车在不同速度下的运行平稳性测试。

六是完成车站通风空调调节空气功能的测试以及给排水和消防系统具备生活、生产给水、消防水及排水功能的检验测试。

（二）检验运营组织方案

通过列车运行，主要检验运行交路、列车运行周期、列车开通服务方案及日载客能力，运用和备用车辆情况等列车行车组织方案的合理性。列车开通服务方案主要指列车行车间隔和运营时间等，并对节假日的服务方案进行了规定。

日载客能力需要满足试运营开通前期的客流需求，满足重要节假日客流高峰的需求。运用和备用车辆情况需要满足运行图对运用车和备用车的需求，需要预估试运营开通后的客流和运营情况的变化，制定相应的备用车停靠调整方案。

（三）检验应急预案

试运行期间通过演练检验应急预案的科学性，提高工作人员事故情况下的应急处置能力。运营单位在试运营前应进行以下预案演练：

一是典型事故的演练。典型事故演练主要包括火灾、爆炸、毒气、脱轨、自然灾害、突发停电事故以及突发大客流演练等。

二是日常行车组织演练。日常行车组织演练主要包括大小交路列车折返、列车折返能力测试、供电系统能力演练等。

三是设施设备故障演练。设施设备故障演练主要包括道岔故障处理、屏蔽门故障处理、列车故障救援等。

一般来说，试运行阶段为建设过程中一个独立环节，从实施主体来看，它一般是由建设工程指挥部主导，建设单位负责，会同运营单位和供应商等进行试运行。

试运行过程是发现问题—进行调试—解决问题的重要过程，能够提前暴露运营过程中存在的设备故障和设施问题，并在此期间得到及时排除。总体来看，设备系统故障率将呈现分段波动变化、总体下降的规律，并逐渐趋于一个较低的值。根据不同的线路水平可以找到一个稳定的故障阈值，试运行后期系统故障率低于阈值，可以认为城市轨道交通系统的可靠性水平在可接受范围内，满足安全运营要求。

第三节　城市轨道交通试运营分析

一、概念

试运营是指城市轨道交通工程试运行合格后，通过对子系统和整体系统进行可用性、安全性和可靠性考核，对运营作业人员培训故障模拟和应急演练等情况进行检验，经过试运营基本条件评审并按评审意见整改合格后，报城市政府批准

后，所从事的载客运营活动。试运营阶段具有以下重要特征：

一是试运营基本条件审核并合格。新开通线路试运行完成后，应由第三方进行试运营基本条件评审并整改合格后方可进入试运营阶段，从而使城市轨道交通系统全面达到载客运营的各项条件和要求。

二是系统的可用性、安全性和可靠性考核。试运营阶段应严格按照满足载客运营的各项要求，根据事先编制的试运营运输组织方案，深度测试、考验系统的可用性、安全性和可靠性，为开通正式运营奠定基础。

二、与试运行关系

试运行阶段主要是磨合城市轨道交通设施设备功能，培训运营队伍，完善规章制度，更多地强化设备间的磨合，尽可能将设备故障在试运行期间进行整治。而试运营阶段已开始进行载客运营，必须在城市轨道交通系统各项条件满足载运运营要求的前提下，深度磨合设施设备性能，进一步提高城市轨道交通系统的运输组织能力及从业人员设施设备操作能力，全面提升城市轨道交通设施设备的稳定性、可靠性及从业人员的岗位实际操作能力。试运行结束后，开展试运营需要具备以下前提条件：

一是工作程序前提。进入试运营前，需要完成试运行，并经过试运营基本条件评审以及对遗留问题进行整改直至合格。试运营基本条件评审主要是对即将开通的线路设施设备性能和运营准备情况进行全面、客观的评估，确定系统设施设备是否安全可靠运行和运营准备工作是否充分到位，是否具备开通试运营的条件。同时依靠专家的经验，根据实际情况提出相应的整改意见，最终完善整个系统在开通前的各项准备工作。

二是运营设施设备性能前提。新开通线路的设施设备性能可靠性具备新线开通进行载客运营的基本条件，并通过试运营基本条件评审。

三、主要任务

通过试运营，可以进一步提高运营单位的运输组织能力和设施设备性能的可靠性，同时培训运营队伍，完善规章制度，进一步提高应对防范风险、化解风险的能力，制定更完善详尽的应对处置方案，切实提高服务水平和管理能力。一般来说，试运营期间，整个城市轨道交通系统的运输组织能力及从业人员设施设备操作能力需要不断强化和提高，是一个不断提高水平、不断提升能力、不断完善服务的重要时期。经过试运营阶段的培育和过渡，城市轨道交通设施设备的稳定性、可靠性及从业人员的岗位实际操作能力能够满足城市轨道交通小间隔行车、大客流输送的要求。

一是防范风险，化解风险。城市轨道交通新线开通进行载客试运营，每天需要运送几万人甚至十几万人，运营管理工作复杂、难度极大，比如列车运行及调度指挥能力、工作人员服务水平等，需要通过试运营进一步完善和提高。同时，为确保载客运营的安全，需要进一步严查隐患，发现风险，及时化解风险。

二是提高服务，完善服务。试运营阶段是新开通线路服务能力和管理水平全面提升、细化完善的重要时期。试运营阶段，通过前期准备，设施设备磨合和各项服务水平已满足载客运营的各项要求。通过试运营可以进一步检验新开通线路客流组织科学性、运营方案合理性、标志设置规范性等，及时发现问题，抓紧完善整改，保障运营安全，全方位提高服务能力和管理水平。

四、工作内容

新开通线路进行试运营基本条件评审并按评审意见整改合格，报城市政府批准后，运营单位就可以开展城市轨道交通试运营工作，其工作内容主要包括：

（一）运输组织管理

在试运营管理过程中，需要认真贯彻运营组织原则，认真组织实施行车、客运、票务、施工及维修组织方案，运营安全管理等内容，运营组织管理工作须做到安全、有序、可控。

一是运输组织方案的实施组织。依照试运营期间对客流动态的掌握情况，分阶段有步骤地逐步实施既有运输组织方案，并对列车运行图技术参数进行优化调整，逐步压缩列车开行间隔，提高应对复杂运营情况的能力。

二是运营队伍素质的完善提高。试运营期间也是城市轨道交通运营单位从业人员素质完善提高的重要阶段，需要重点加强对运营队伍的培养，通过培育一支思想过硬、作风过硬、技术过硬的员工队伍，全面提高运营队伍的岗位实操能力和突发事件情况的应对能力。

（二）运营组织结构优化

试运营期间，城市轨道交通运营单位依据载客运营的实际情况，进一步查漏补缺，抓紧对运营管理架构、运营指标考核体系和生产管理流程等方面进行完善。重点体现在：运营组织架构在试运营管理中的适应情况、管理职能的组合和优化、工作流程的优化和调整，加快完善安全、质量、经营和全面预算指标的管理体系。同时，针对运营初期人员、设备的磨合期等情况，需要对生产管理流程中的指挥体系、接口管理和应急响应三方面进行相应调整。

（三）运营设施设备管理

由于城市轨道交通系统的设施设备存在的某些问题需要在实际运营中逐步暴露出来，因此，需要在试运营期间加强设施设备的磨合，及时发现问题、抓紧进行故障整治，以确保设施设备运行处在安全水平。特别是试运营期间，运营单位需要组织运营维修人员，全面做好设施设备功能的核查检验及故障整治工作。

一是全面设备稳定性和可靠性检验。试运营期间，运营单位应有计划、有步骤地进行设备满负荷运行，深入考察设备在满负荷工况下的稳定性和可靠性，进一步检查各设备系统的接口在满负荷工况下的协调性，同时需要安排好维护人员的保驾维修能力，确保设备可靠性检验不影响正常的运营，以免对乘客出行造成不便。

二是故障问题整治。在试运营过程中，发现设备存在问题时，首先要进行分类，针对不同类型的设备故障，并按照安全性、紧迫性及必要性等从高到低进行排列，影响运营安全的必须立即整改，依照类别由相应部门进行处理。例如：属于设备故障、检修范围的，责令设备维修部门落实解决；属于建设工程质量问题的，通过建设单位责成施工单位进行整改。对所发现问题必须列出整改计划，明确责任单位（人）、完成时间和核实人等。

五、试运营基本条件评审

城市轨道交通试运营是运营单位开展运营管理工作的开端，是运营单位从建设单位接管的关键节点。

拟开通城市轨道交通试运营线路的，应由城市交通运输主管部门向省级交通运输主管部门提出试运营基本条件评审申请。省级交通运输主管部门应组织第三方专业机构开展试运营基本条件评审。评审机构应按照相关国家标准开展评估，并出具评审意见。

城市轨道交通试运营基本条件评审主要利用专家的知识和能力，采用资料审核、现场实地检查等方式进行评审。城市轨道交通试运营基本条件专家评审合格，并报送城市政府批准后，方可投入试运营。

城市轨道交通试运营基本条件评审内容主要包括一般条件、限界、土建工程、车辆和车辆基地、运营设备系统、从业人员、运输组织、应急与演练以及系统测试检验等。

（一）一般条件

一般条件主要是审核政府相关管理部门对城市轨道交通试运营许可批复的文件，以及城市轨道交通试运行情况、备品备件情况等。试运营基本条件评审中，若政府许可批复文件缺失或者不满足试运营要求，则新开通线路不具备试运营的基本条件。

一般条件对政府主管部门许可批复文件主要包括规划建设、工程用地许可、工程质量验收、特种设备质量验收以及消防、安全、人防工程、卫生、环保、防雷接地等文件。

另外，城市轨道交通试运营基本条件评审中，需要完成试运行情况审核、备品备件配备情况的审核等。审核内容主要包括以下两个方面：

（1）试运行情况。主要包括试运行是否按照国家有关规定开展、试运行的关键设备系统（车辆、信号、机电设备等系统）的可靠度考核以及试运行过程中的服务性指标考核（列车运行图兑现率、列车正点率等）是否满足试运营要求等。

（2）备品备件配备情况。主要包括配备各专业必备的备品备件、专用的工器具，仪器、仪表，是否满足试运营阶段维修的需要。

（二）限界基本条件

限界基本条件审核内容主要包括区间、车站和车辆基地的构筑物、设备和管线的限界应满足设计标准和规范要求。

（三）土建工程基本条件

土建工程基本条件审核内容主要包括线路工程、轨道工程、车站建筑及结构工程等应满足设计标准和规范要求。

（四）车辆和车辆基地基本条件

车辆和车辆基地基本条件审核内容主要包括：车辆的型式试验和例行试验情况；列车上线运行数量是否满足试运营期间运行间隔的要求；是否配备相应的检修备用车；车辆基地是否具备列车停放、开厢检查静调和动调的车辆验收条件等。

（五）运营设备系统基本条件

运营设备系统主要包括供电系统、通信系统、信号系统、机电设备系统。其中，机电设备系统主要包括通风空调采暖系统、给排水及消防系统、火灾自动报警系统、自动售检票系统、综合监控系统、乘客信息系统、环境与设备监控系统、屏蔽门系统以及自动扶梯、电梯、自动步行道等。

（1）供电系统。供电系统基本要求的内容主要包括：供电电缆、变电所内设备，电力监控系统、杂散电流腐蚀防护系统、动力照明系统中各类设备和器材的材料、规格或型号是否符合规定等。变电所、降压变电所、牵引变电所的供电系统单台设备的全部运行方式的传动记录是否齐全，设备返讯、遥测、遥控系统的传动记录是否齐全。牵引供电系统是否具备双边供电、大双边（越区）供电的能力和条件，并完成相关测试以确保具有最大负荷供电能力。供电系统的安全标志是否齐全、清晰。供电系统配置的安全用具是否齐全、验收合格等。

（2）通信系统。通信系统基本要求的内容主要包括：通信系统是否满足设计要求，并验收合格；通信设备是否按一级负荷供电以及通信电源的后备供电时间是否满足要求等。

（3）信号系统。信号系统基本要求的内容主要包括：线路控制中心（Operating Control Center，OCC）与车站间、轨旁、地面设备与车载设备间的安全控制信息是否传递无误，联动准确，并完成车辆基地与正线信号系统的相关接口调试，是否满足试运营要求。信号系统是否具备完整的列车自动防护功能和基本的列车自动监控功能。对配置降级模式的信号系统，其降级模式是否具备列车自动防护功能、基本的列车自动监控功能、计算机联锁功能；信号系统是否具有完整的测试报告及第三方安全认证报告、试运营授权书。

（4）机电设备系统。一是对环境与设备监控系统基本条件进行审核，主要内容包括：是否实现对通风空调、给排水、照明、电梯、自动扶梯等设备的监视、监控等功能；是否具备车站级区间阻塞模式联动功能、火灾联动功能等。二是对屏蔽门系统基本条件进行审核，主要内容包括：是否具备站台级控制功能，屏蔽门系统的传感器是否安全可靠，是否有明显的安全标志和应急使用标志等。三是对自动扶梯、电梯、自动步行道系统基本条件进行审核，主要内容包括：主要设备是否通过调试和安全测试，是否具有明显的安全警示和使用标志，并获得质监部门出具的安全检验合格证，自动扶梯是否符合重载型自动扶梯的性能要求等。四是对自动售检票系统基本条件进行审核，主要内容包括：在紧急情况下，所有检票机闸门是否能处在开启状态，允许乘客快速通过等。

（六）从业人员基本条件

从业人员基本要求的内容主要包括：运营单位是否配齐工作人员，满足试运营阶段正常上岗作业需要。

列车乘务员、调度员、车站值班员以及特种作业人员等关键岗位的从业人员，需要具备下列基本条件：一是具备良好的知识水平和高度的岗位责任心，并通过身体健康检查；二是应进行系统岗位培训，具有相应的岗位实际操作经验；三是取得相应从业资格证，特种作业人员应取得特种作业资格证。

（七）运输组织基本条件

运输组织基本要求的内容主要包括规章制度、客流预测、行车组织、客运组织、票务服务管理以及地面公交接驳等。

（1）规章制度。规章制度基本要求的主要内容包括：一是安全管理类。应建立以安全生产责任制为核心的安全管理制度。二是行车制度类。应制定行车管理办法、车辆段及车站行车工作细则、调度工作规程、检修施工管理办法等。三是客运服务类。应制定客运服务质量标准、客运服务工作规范、票务管理办法制度。四是设备维护类。应制定各专业系统设备的运行规程、维修规程和维修管理

制度等。五是操作办法类。应制定各专业系统设备的操作手册、列车乘务员操作手册及故障处理指南等。

（2）行车组织。行车组织基本要求的主要内容包括：运营单位是否按设计配属车辆标准并结合列车采购，列车车载信号调试情况等编制车辆配属方案，试运营线所需的运用车、检修车、备用车等是否满足需求；运营单位是否按照客流需求，编制不同情况下的行车组织方案。

（3）客运组织。客运组织基本要求的主要内容包括：运营单位是否根据列车运行计划、客流量、车站设施设备及车站客流集散能力等编制客运组织方案。运营单位应做好城市轨道交通系统试运营的宣传公告准备工作。

（4）地面公交接驳。地面公交接驳基本要求的主要内容包括：运营单位应配合城市交通主管部门会同公交部门编制公交配套方案。

（八）应急与演练

应急与演练基本要求的主要内容包括应急预案和演练情况等。

（1）应急预案。应急预案基本要求的主要内容包括试运营单位是否编制运营突发公共事件、自然灾害、公共卫生事件和社会安全事件等应急预案。

（2）演练情况要求。应急演练基本要求是运营单位应在试运营前开展应急预案演练。

（九）系统测试检验

试运营前，试运营基本条件评审单位可对运营网络指挥中心（Comprehensive and Operation Control Center，COCC）、车辆、供电、通信、信号、火灾自动报警、环境与设备监控和综合监控等系统进行抽查测试检验。

第四节　城市轨道交通正式运营分析

一、概念

正式运营是指城市轨道交通项目通过工程竣工验收后，所从事的载客运营活动。

竣工验收主要指新开通线路在完成试运营后，经有关部门批准，组织新开通线路的所有设计单位、项目建设单位、运营单位、财务管理单位、档案管理单位、安全管理单位、质量管理单位等相关单位进行验收。工程竣工验收范围主要包括：正线线路及所有车站的土建工程，所有车站机电设备安装工程，车辆段及综合基地、主变电站，以及车辆、轨道、供电、信号、通信、自动售检票、综合监控等所有系统设备的安装工程。竣工验收通过后，则该城市轨道交通线路进入正式运营阶段。

正式运营阶段具有以下重要特征：

一是竣工验收合格。新开通线路基本能够体现设计意图和满足城市规划要求，工程和设备功能基本能够满足设计标准和要求，运输能力和服务水平基本能够满足居民出行需求。

二是各项服务能力全面提升。正式运营期间，运营单位通过完善规章制度、加强安全管理和运营服务培训等工作，全面提升运营系统的可靠性和安全性，并对运营服务能力进行持续提升。

二、与试运营关系

试运营进一步检验了运营单位的运输组织能力和设施设备性能可靠性，系统运行稳定性进一步提升，培养了运营队伍，运营组织管理技能进一步提高，为全面正式运营做好了充分的准备，打下了坚实基础。试运营结束后，开展正式运营需要具备以下前提条件：

一是工作程序前提。进入正式运营前，需要完成试运营并工程竣工验收合格。

二是设施设备性能前提。新开通线路的设施设备性能可靠性应达到正式运营的要求，并经工程竣工验收合格。

三、主要任务

正式运营在前期各系统调试和磨合的基础上，通过实现人、机、环境之间的密切配合，确保运营系统的安全可靠性水平以及所提供的运输服务能够满足日常运营的需要。正式运营的主要任务是通过制定科学严格的设施设备维修制度，及时发现安全隐患并排除整改，使设施设备处于良好的运行状态。加强从业人员管理，提高实际岗位操作技能，合理组织客运服务，保障正式运营期间为城市居民提供安全、便捷、高效、舒适的日常出行服务。

四、工作内容

新开通线路进入正式运营阶段后，主要的工作内容是完善相应的规章制度、完善安全生产责任制，加强维护、确保设备设施状态良好，强化运输组织能力，确保行车安全以及加强应急管理等。

（一）完善安全生产责任制

一是建立健全安全生产监管体系。落实城市轨道交通各主体责任单位的安全职责，建立责任清晰、明确的安全生产责任体系。实行层级管理，设置安全生产领导小组和质量安全管理部门，领导小组统筹运营单位所有安全管理事务，运营单位主要领导担任领导小组组长，也是安全生产第一责任人；质量安全管理部门负责安全生产管理具体工作；各相关部门和单位也应设置各自的质量安全管理领导小组，配备专职安全员。各级项目部也应配备相应的安全管理人员，明确各级安全管理人员的岗位职责，形成一个"横向到边，纵向到底"的安全管理体系。

二是制定完善的安全生产管理制度。运营单位需要不断加强内部安全生产制度建设，用制度来指导和规范安全生产管理工作，并在实施过程中逐步修订完善。

三是强化安全生产考核检查。一方面，运营单位各部门进一步将安全生产目标层层分解，认真考核。另一方面，应通过加强安全检查，由运营单位主要领导带队在节假日、重大活动、重要检修期全面开展安全检查，检查内容包括值班、生产安排、设备维修、应急准备等；规范运营保护区监管，建立管理台账，对涉及运营保护区的重点房建施工项目进行逐个走访、长期跟踪，加强监测；加强线路桥梁检查，重点加强轻轨桥梁的检查、检测及周边巡视；加强消防隐患排查，消除火灾安全隐患，督促消防法律、法规和相关消防管理办法的执行。

（二）加强设施设备维护

在设施设备维护工作中，要以确保行车安全、运营正点率、运营服务可靠度为工作重点，制定完善的设备设施检修维护制度、规范和作业标准，各系统、各专业均按技术要求制定年度检修计划，严格现场作业、技术规范、台账资料等，确保车辆、线路、信号、通信、供电等设备设施始终处于良好状态。

一是制定严格的车辆检修修程。车辆检修应按检修修程严格执行，检修修程按检修周期分为日检、月修、定修、架修、大修等修程，通过详细制定车辆的检修规程、检修工艺及安全管理规定，严格开展车辆的日检、月修、定修、架修工作。在检修中应实行包修制和记名式检修，确保检修质量。

二是加强重点设备的维护。信号、通信、线路、供电等专业按照规定的项目、内容、周期进行设备维修，建立每日巡检制度。对轨道线路、道岔、信号、通信等设备进行定期维护，认真填写相关记录和台账。

三是制定提高服务可靠度方案。通过对道岔、线路曲线、信号环线等重点部位和薄弱环节适时加大检修力度，对故障频率较高、影响运营较多的关键设备进行专项整治，进一步提高各系统设备的稳定性和安全性。

四是加强关键岗位人员值守。加强信号、供电等关键岗位、重要设备的人员值班值守，按规定进行设备巡视和登记；设置车辆维修驻站人员，检查运营时间内每趟列车状态和协助故障处理。

（三）加强运输组织，确保行车安全

通过加强行车监管、严格标准执行等方式，不断加强和完善城市轨道交通运输生产组织，使城市轨道交通行车作业标准化、规范化。

一是推进行车作业标准化。

二是加强行车监控与管理。行车调度人员应按规定严密监视运营列车和行车设备状态，注重关键环节，严格后退模式的使用和管理，及时正确处理各种突发事件，防止各类不安全事件的发生。

三是特殊情况的行车组织。在重大节假日前均编制详细的行车组织、人员值守方案，确保在设备故障、大客流、恶劣气候等特殊情况下的行车安全。

四是加强人员业务培训力度。通过定期跟班作业、现场指导培训、专业人员授课等方式，不断提高行车调度、列车乘务员、车站行车值班员等人员的业务素质和技术水平。

（四）加强应急管理

加强应急管理主要包括建立健全应急体系及预案、增强应急抢险队伍应对能力、加强应急演练等。

一是建立健全应急体系及预案。应建立完善的应急救援体系，将城市轨道交通运营突发重大事故应急预案纳入当地政府重大突发事故应急救援管理体系。制定较完善的应急救援预案，应包含行车事故预案、列车脱轨起复、火灾预案、自然灾害预案等专项预案。

二是应急信息的快速传递响应。实行分级通报制度，对运营突发事故、事件按性质划分三级进行救援通报，并规定各级通报的人员范围。

三是抢险队伍建设和设备配置。应成立各类专业抢修队伍，配齐应急救援所需的各类工具、物资、材料和应急抢险专用车辆，并建立相关的救援物品、备品保管、维护和检查制度。

四是应急演练情况。应制定详细、全面应急救援演练计划并认真实施，包括乘客疏散演练、恐怖袭击演练、列车火灾演练、列车脱轨起复演练等。

参 考 文 献

[1]吴艳群.城市轨道交通规划与管理[M].成都：西南交通大学出版社，2018.

[2]袁江.城市轨道交通线网规划与设计[M].北京：北京理工大学出版社，2019.

[3]李伟.城市轨道交通需求分析与线网规划[M].成都：西南交通大学出版社，2020.

[4]陈东东，陈锦生，常秀娟.城市轨道交通概论[M].重庆：重庆大学出版社，2019.

[5]何霖.城市轨道交通规划设计方法与实践[M].北京：人民交通出版社，2020.

[6]张川，刘纯洁，杨雁.城市轨道交通建设现场管理指南[M].北京：中国铁道出版社，2016.

[7]孙晓梅.城市轨道交通运营管理[M].北京：中国建材工业出版社，2020.

[8]林瑜筠.城市轨道交通运营管理[M].北京：中国铁道出版社，2017.

[9]吴金洪.城市轨道交通运营管理[M].西安：西安交通大学出版社，2018.